遊遊漢字学
中国には「鰯」がない

阿辻哲次

日経プレミアシリーズ

目次

第一章 「北」の年の漢字

第二章　「災」の年の漢字

第三章　「令」の年の漢字

初出　日本経済新聞日曜日付朝刊（二〇一七年三月五日～二〇二〇年三月二十九日）
＊各コラムの見出し下の日付は初出掲載日です。（編集部）

第一章　「北」の年の漢字

好ききらいのある文字

二〇一七年三月五日

あなたの身のまわりには、漢字が好きだという人がおられるだろうし、そしてまた、漢字なんか大きらいだという人もきっとおられるにちがいない。

漢字が好きだろうがきらいだろうが、それはまったく個人の自由なのだが、しかし漢字以外の文字も同じように好ききらいの対象となるだろうか。あるいはアメリカ人の中にも、ローマ字が大好きだとか、AやBという字を見るのがいやでたまらないという人がいるだろうか。また漢字には好ききらいをいう日本人も、ひらがなやカタカナにはほとんど好ききらいをいわないようだ。

そう考えれば、文字の中で漢字だけが好ききらいの対象になることがわかる。そしてこのように好ききらいの対象となるのは、実はそれが非常に便利な道具であることの裏返しである、と私は考える。

漢字を一通り使いこなせるようになるまでには、長い時間をかけての努力が必要である。

今はごく普通に漢字を使っている人でも、小学生のころには書き取りテストに苦労させられたはずである。しかしある程度の漢字をマスターしてしまえば、こんな便利な文字はない、と感じるのもまた事実なのである。

習得するまでは苦労するが、マスターしたあとは二度と手放せないほど便利なもの、というこの条件は、自動車とコンピューターという道具にもあてはまる。そしてこの二つにも、漢字と同じように、人によって好ききらいがある。

車とコンピューターは、上手に使いこなせばまことに便利な道具だが、しかしそれを習得するまでには一定の努力が必要であり、そこまでの道はそれほど平坦《へいたん》ではない。

ここにそれらのモノに対する好ききらいが発生する場がある。使える人はますます好きになるし、うまく使えない人はどんどんきらいになってゆくというわけだ。

漢字に好ききらいがあるのも、それとまったく同じといえるだろう。そんな漢字をめぐる話に、しばらくおつきあいいただきたい。

「漢字」の「漢」とは？

二〇一七年三月十二日

漢字はいうまでもなく中国で生まれた文字である。そして日本では非常に早い時期に中国から漢字を受容し、さらに漢字からひらがなとカタカナを作って、それらをまじえて日本語を書く表記方法を開発したのだが、それでは中国で生まれた「東」「西」「山」「海」などの文字を、いったいなぜ「漢字」とよぶのだろうか？

「漢」という字は古代の中国に建てられた代表的な王朝の名前に使われており、その漢の時代に作られた文字だから「漢字」というのだ、と考えている人が世間には時々おられるが、それは大きな誤解である。

今私たちが見ることができるもっとも古い漢字は、紀元前一三〇〇年あたりから使われていた「甲骨文字《こうこつもじ》」や、それと同じくらい古い「金文《きんぶん》」（青銅器の銘文に鋳こまれた文字）である。いっぽう劉邦《りゅうほう》が宿敵項羽《こうう》を倒して自分の王朝を建てたのは紀元前二〇二年のことだから、漢王朝ができる一千年以上も前から漢字は使われていた。

だから「漢字」の「漢」は王朝の名前に由来する文字ではないのだが、それではこの「漢」がいったいなにをあらわしているかというと、それは実は民族の名前なのである。

漢字の故郷である中国は、合計五十六の民族から構成される多民族国家であり、国内で使われている言語は決して一種類ではない。たとえば北朝鮮と中国との国境附近で中国側にいる人々は中華人民共和国の国民だが、民族としては朝鮮族が多く、朝鮮族であればふだんは朝鮮語を話している。同じように北はモンゴル国と接する内モンゴル自治区にはモンゴル族の人々がたくさん暮らしており、彼らも国籍としては中国人だが、日常的にはモンゴル語を使う。いわゆるシルクロード地域や、西南の雲南《うんなん》省などでは多種多様の民族が入りまじって暮らしていて、そこでの言語事情はまことに複雑だが、各民族の人は基本的に自分たちの民族語を話している。

中国はこのような多民族・多言語国家なのだが、そこに暮らす人々の中で人口がもっとも多いのが漢民族で、実に人口の九十五％を占めるという。この漢民族が話す言語を「漢語」といい（うちの標準語を日本では「中国語」とよぶ）、その「漢語」を書くための文字が「漢字」である、というわけだ。

「漢」はもともと川の名

二〇一七年三月十九日

近ごろは発音引きの漢字字典もあるが、伝統的な方式で作られた漢字字典では、漢字を検索するために設けられている索引の一つに「部首索引」がある。これは漢字を構成する要素のうち意味をあらわしている部分に着目して検索する方法であり、多くの漢字にはその文字があらわす大まかな意味的範囲をあらわす要素がついている。これを「偏旁冠脚《へんぼうかんきゃく》」といい、たとえば字形の左側（下に配置される場合もある）に《木》という要素がある漢字は樹木や木製品などに関する意味をあらわし、上に《竹》がついている漢字は、タケという植物の形状や種類、あるいはその製品などの意味をあらわす。

同じように左側に《氵》という要素があれば、それは川や海、あるいは水や液体に関係するものをあらわす「サンズイヘン」で、《水》がヘンになった時の形である。

そんなことは小学校の国語の授業でも教えられるから、ほとんどの人にとっては常識である。だがこの漢字についている「偏旁冠脚」の中には、時に一筋縄では説明できないものがある。うちの一つが「漢」であって、この字にサンズイヘンがついている理由が、ちょっと考えただけではなかなかわからない。

「漢」は「漢字」や「漢文」「漢方薬」「漢詩」ということばに使われているから、それが「中国」に関することに使われていることはすぐにわかるが、しかしいったいなぜ「漢」に中国という意味があるのだろうか。それは始皇帝の秦がほろんだあとに劉邦が建てた漢王朝が、古代中国を代表する、もっとも強力で長く続いた王朝だったからである。

では劉邦は、なぜ自分の王朝名を「漢」と名乗ったのだろうか。それは、始皇帝なきあとの戦乱で、劉邦が最初に王としての地位をあたえられ、領土として支配したのが現在の陝西《せんせい》省南部にある漢水の地域だったからである。この河川の名にもとづいて劉邦はみずから「漢王」と名乗り、やがてライバルであった項羽を倒してみずからの帝国を作った時に、国号を「漢」と定めたのだった。

「漢」はもともとこの河の名前だから、左側に《氵》＝「水」がついており、右側にあるのは「カン」という発音をあらわす要素である。

最初は河川名だった「漢」が王朝名に使われ、さらに広大な国の文化や価値観の総称に使われるようになった。この河は劉邦によって大出世をとげたのである。

「櫻」と二階の女

二〇一七年三月二十六日

近ごろは書き下ろしの小説などがいきなり文庫本で刊行されることも珍しくないし、老舗以外に新しく文庫に参入してきた出版社も多いが、昭和二十年代に生まれた私たちが中高校生だったころ、文庫本には古今東西の名著が数多く、かつ廉価に出版されていた。新刊本は高いが、文庫なら学生でもそれほど苦労せずに買える。そしてそこには必読の名著が揃っていたことが、なによりもありがたかった。

活版印刷の時代だから、当時の文庫本には戦前の紙型《しけい》（活字を組んだ版の上から特殊な紙を押しつけて作った型）を使って重版されているものもたくさんあり、そんな本では戦前のままの旧字体の漢字が使われていた。年配の世代には、これで漢字の旧字体を覚えたという人も多いだろう。私もそんな本で旧字体に興味を持ち、いろんな漢字の旧字体を調べだしたのだが、中にはずいぶんと覚えにくいものもある。

ところがこれには便利な覚え方があるということを、母親から教わった。たとえば「壽」

（「寿」の旧字体）は「サムライの笛は一インチ」と覚えよと母は教えてくれた。《士》の《フエ》は《二》《吋》と書くと、結果として「壽」という字になるというしだいである（ただし長さの単位「インチ」を漢字で「吋」と書くことを知らないとこの方法は使えない）。

同じデンで、「桜」の旧字体「櫻」を「二階の女が気にかかる」と覚えた。「櫻」は、二つの《貝》と《女》が《木》ヘンの横にあるからである。この覚え方を知ってから、私は「櫻」という字形になんとなくなまめかしく華やかなイメージを感じるようになったものだが、しかし今の「桜」という字形では、なかなかそうはいかない。

「櫻」は意味をあらわす《木》と、発音をあらわす《嬰》《エイ》（音がのちにエイ→アウと変化した）を組みあわせた漢字で、右側の《嬰》を草書体でくずして書いた形を楷書にしたのが「桜」である。「桜」では女が二階にはいなくなった。いったいどこにいってしまったのだろう。

戦後におこなわれた漢字の改革では、それまで「俗字」とか「略字」とよばれ、価値が一段低いものとされていた字形が正規の字形となり、学校教育で教えられ、それによって多くの漢字が簡単に覚えられ、書けるようになった。それはもちろんいいことなのだが、しかし人々がそれまで漢字に対して持っていた、自由で豊かなイメージのふくらみが、簡略化によってしぼんでしまったことは、まことに残念な事実である。

「陽春」——陽極まりて陰生ず

二〇一七年四月二日

上海に出張した時、同行者数人と昼食時に街を歩いていると、あるレストランの窓にメニューが貼りだされていて、そこに「陽春麵」と書かれていた。おぉこれはいい名前の麵だ、きっと青春の活力を取りもどせるように具がいっぱい入った「五目ソバ」にちがいないと思って、さっそく店に入り、よろこびいさんで注文したところ、運ばれてきたのは、なんとネギ以外になんの具も入っていない、中国式の「かけソバ」だった。

中国の麵類には「コシ」がないが、ボリュームはあるし、スープの味もなかなか結構なものだった。だが、具がネギのほかになにも入っていないというのはやはりさびしいものだ。そしてなにも入っていないのに、「陽春」という華やかできれいな名前がついているのがちょっと不思議だった。

いったいなぜそんな名前なのか、とお下げ髪のウエートレスにたずねると、彼女はちょっと困った顔をした。どうやらわからないらしく、彼女が台所に引っこむと、かわって哲学者を思わせる風貌をした店主が出てきて、「陽極まりて陰生ず」と書いたメモをだまってさしだした。中国ではソバにも陰陽の哲学が関係しているらしいと感動したものだが、それにしてもよくわからない名前だった。

どうにも不思議だったので、帰国してからあらためて辞典を引いてみると、次のような説明が載っていた。

中国では季節の推移を陽と陰の移り変わりで説明するのだが、上海のあたりでは陰暦十月の別名を「小陽春」という。今の暦では十一月初めからなかばにあたる時節で、そのころにはしばしば「小春日和」の日があるから、それで「小陽春」というらしい。そして十月という時期にちなんで、「陽春」が民間で数字の《十》をあらわす隠語として使われるようになったのだそうだ。

具がなにも入っていない「かけそば」は、もちろん一番安い麵で、かつては一杯が十文だった。それで値段を隠語で表現して「陽春麵」というようになった、とのことだった。

麵についてはウイットのある名称だが、さらに調べていくと、中国には「陽春教授」もいるらしい。無能なるがゆえに役職をなにもあたえられていない教授のことを、「かけそば」の比喩でそういうとのこと。なんとまぁ、実に皮肉ないい方をするものだ。

「花」は「華」の簡略字形だが……

二〇一七年四月九日

春先になると、新聞やテレビのニュースで「桜前線がしだいに北上中である」と報じられる。南北に長い日本列島だが、だいたい二月から五月あたりまで、南から北へと桜前線が北上するにつれて、いたるところで春の到来をよろこぶ声が聞こえるようになる。まことにうれしい限りである。

花は人生に潤いをあたえてくれるからだろう、花がきらいだという人はめったにいない。そしてこの「花」という漢字は画数が少なくて書きやすいし、日常生活に身近な意味をあらわしているから、この字を難しいと感じる人もまずいない。

「花」は日本でも中国でも非常によく使われる漢字だが、しかし意外なことに、実はその来歴がよくわからない。古い文献での用例はほとんどなく、古代中国で作られた権威ある字書にも登場しない。古い時代に「はな」という意味で使われた漢字には「英」や「栄」、「華」などがあり、「英」はもともと「はな」という意味、著名なデザイナーの「英恵」さんが「はなえ」と読まれるのはそのためである。「榮」と「華」も「はな」のことで、両者のちがいについて『爾雅《じが》』という古い字書では、「榮」はユリやキクのように草の形で咲くもので、それに対してサクラやウメのように樹木に咲くものを「華」というと説明する（「釈草」）。

おなじみの「花」は、「華」の下部がややこしい形なので、それを同じ発音で簡単に書ける《化》に置き換えた略字である。世間には、草の緑色がさまざまな色に「化ける」から《化》が使われているのだと説く人がいるが、それはなんの根拠もないでたらめである。

「花」という形は、中国の北朝時代（五世紀から六世紀）に岩壁に刻まれた碑文にしばしば登場する。この時代には岩壁や洞窟に多くの仏像が彫られ、その仏像を作った由来などがすぐ横に刻まれた。このように岩壁に文章を刻む時には鉄のノミを使うが、硬い岩に複雑な漢字を刻みこむのはやっかいだから、ややこしい部分はおのずから簡略化されることになる。

こうしてこの時代に多くの略字が作られ、うちの一つとして、「華」の簡略化字形として作られた「花」が、やがて世間に定着していった、というわけだ。

しかしこうして「花」が広く使われるようになってからも、「花」と「華」には意味上の使い分けがはっきりとあった。中華料理を中花料理とは絶対に書かないし、「華美」や「華麗」ということばに「花」を使うこともない。

「束脩」――入門の謝礼は乾し肉

二〇一七年四月十六日

かつて「脩」という名前の学生が私のゼミにいた。本人が語ったところでは、おじいさんが熱心な野球ファンで、はじめての孫に名前をつける時に、往年の名選手で、巨人や西鉄などで監督をつとめ、「魔術師」とか「名将」とよばれた三原脩氏（一九八四年逝去）から漢字をもらったのだそうだ。

その脩君が、二〇〇八年に米国在住の下村脩氏が「緑色蛍光タンパク質の発見とその応用」の研究によってノーベル化学賞を受賞された時に、「脩」という漢字は非常にすぐれた人物の名前に使われるのだ、と友人たちに話して得意になっていた。

名前にある漢字であまりにもはしゃいでいるので、ちょっとからかってやろうと「『脩』ってもともとどういう意味の漢字か知ってるかい？」と聞くと、彼は急に小さな声になって、「辞書で調べたんですが、『乾《ほ》し肉』という意味なんですってね」と浮かぬ顔をした。

漢和辞典で「脩」を引けといわれたら、多くの人は《人》部、つまり「ニンベン」を調べるだろうが、「脩」は《人》部ではなく《月》部に入る漢字で、この《月》は「肉」を意味する「ニクヅキ」である。「脩」はその《月》＝肉によって意味をあたえられ、《攸《ユウ》》の部分で発音が示される文字で、本来の意味は「乾し肉」のことであった。

その脩を十本ワンセットにしてたばねたものを「束脩《そくしゅう》」という。古代中国では親しい友人間での贈答品として乾し肉がよく使われ、特に学問を授けてもらうために塾や学校などに入る際には、謝礼として束ねた乾し肉、すなわち「束脩」を持参するしきたりがあった。『論語』（述而《じゅつじ》篇）に「子曰《いわ》く、束脩を行なうより以上は、吾れ未《いま》だかつて誨《おし》えること無くんばあらず」（乾し肉を持ってきた者を私は弟子にしなかったことがない）とある。孔子はほんの少しでも乾し肉を持参した者にかならず弟子入りを許可したというのだが、それは別に孔子が乾し肉を好んだからでも、あるいは欲張りだったからでもなく、その行為が入門に際しての謝礼の作法にかなっていたからである。

しかし現代では「束脩」といってもほとんど通じない。学生時代に家庭教師のアルバイトをしていた時、あるお宅からいただく謝礼の袋にいつも「束脩」と書かれていた。ずいぶん古風なことばを使われるものだと思ったものだが、同級生の半数くらいは意味を知らなかったから、そのころから「束脩」は死語に近かったようだ。

「稽古」とごほうび

二〇一七年四月二十三日

新年度になると、気もちもあらたに、新しいお稽古ごとをはじめる方が多いようだ。「稽古」ということばは歴史が非常に古く、出典は『書経《しょきょう》』という文献にある。『書経』は儒学の基本的な思想を述べた、いわゆる「四書五経」の一つで、堯《ぎょう》や舜《しゅん》、禹《う》という伝説上の聖人から、春秋時代の秦の穆公《ぼくこう》（在位前六五九―前六二一年）にいたるまでの帝王たちが重要な機会に発したことばを記載した、いわば「おことば集」である。かつての中国では聖人の教えを記した神聖な書物と意識され、儒教が「国教」でなくなったあとも、それは古代中国の歴史や政治思想が反映された、非常に重要な書物と考えられている。

この『書経』冒頭にある「堯典《ぎょうてん》」は、「曰若稽古、帝堯曰放勲」という難しい漢字が並んだ文章からはじまるのだが、『書経』の文章ははなはだ難解で、そのままでは読めないから、これまで実に多くの注釈が作られてきた。その注釈では冒頭にある「曰若稽古《えつじゃくけいこ》」四文字だけについてもすでに膨大な量の説明が加えられており、そこから儒学の経典をめぐる学問の繁雑さを皮肉って「曰若稽古三万言」という。

さて伝統的な解釈では、この「曰若稽古」を「曰《ここ》に若《したが》いて古《いにし》えを稽《かんが》えるに」と読み、過去の物語を語る時に使われる常套句、つまり日本の『今昔物語』にある「今はむかし」にあたる表現だと考えられるが、ここに出てくる「稽古」が、ほかでもなく現在の日本語で使われる「稽古＝けいこ」の出典である。

「稽」には「考える」という意味があって、「稽古」とはもともと、古代の書物を読み、そこから聖人の教えを学びとるという意味だった。しかし現実には、人はなにかの利益かごほうびがないとなかなか「稽古」しないものだ。そのため過去の中国では、現実的な利益をエサに古代文献を学ばせようとすることが珍しくなかった。

後漢の儒者であった桓栄《かんえい》は、皇太子専属の家庭教師に任命された時に、自分のところで学んでいた弟子を集め、その前に皇帝から賜った車や馬、あるいは印章などを並べて、「これまで陛下から頂戴したこのすばらしいものは、すべて自分が『稽古』したおかげである。だからお前たちもしっかり勉強するように」と訓示をあたえたという。

「稽古」とごほうびは昔から不即不離の関係にあったことの、まことにわかりやすい実例である。

「登龍門」――鯉が龍に変身する

二〇一七年四月三十日

東西ともによく演じられる古典落語のひとつに「道具屋」がある。

道具屋とは、最近はあまり見なくなったが、縁日などで古道具を並べて売る露天の古物商のことで、落語ではまともな定職をもたず、毎日ぶらぶらしている与太郎《よたろう》（上方では喜六《きろく》）を見かねたおじさんが、自分が内職でやっている道具屋の仕事を手伝わせようとするのだが、なにせ与太郎のこと、客に対してトンチンカンな応対ばかり繰り返し、せっかくの客を逃がしてしまうという、おなじみのお笑いである。

この道具屋が売る品物のひとつに「鯉の滝登り」を描いた掛け軸があるのだが、与太郎にはその絵の意味がわからない。それでおじさんに向かって「そのボラが素麺《そうめん》を食っている絵はいったいなんです？」とたずねる。まことに絶妙な描写だというべきだろう。

川をさかのぼってきた鯉が滝に出あうと、激流に立ち向かって跳びはね、滝の上にあがろうとする。その困難に立ち向かう勇ましい姿は古くから縁起のいいものと考えられ、日本では江戸時代あたりから、子どもの立身出世を願う図柄として、陶磁器の絵皿とか、床の間にかける軸に好んで描かれた。

世界四大文明のひとつである中国文明の中心には黄河があるが、その川には淡水魚しかいないから、そこでは鯉が大きくて美味な魚として珍重された。中華料理の宴席で、鯉の丸揚げに甘酢をかけた料理(「糖醋鯉魚」)がメインディッシュとしてよく登場するのはそのためであり、また鯉は料理以外の分野でもめでたい魚とされてきた。

中でも代表的な話が「登龍門」である。黄河の上流地域には幅の狭い急流や落差のある滝が多くあって、船ですら通行に苦しむ難所だから、ほとんどの魚は遡上できなかった。しかし鯉だけはそれができた。こうしていくつかの急流や滝を越えた鯉はそのことで神通力を獲得し、やがて龍に変身するという伝説ができ、その峡谷が「龍門」とよばれるようになった。

鯉が「龍門」を登って龍になることから、非常な難関を突破して大きな躍進の機会を得ることを「登龍門」という。日本で五月の節句に空を舞う鯉のぼりには、男の子がすくすくと成長して立派に「龍門を登れる」ようにとの願いがこめられているのだが、ただ最近のマンションのベランダ用に作られた小さな鯉のぼりでは、あまり大きな龍になれそうにないのが、ちょっとかわいそうだ。

「旅」――軍旗のもとでの行進

二〇一七年五月七日

「楽勝科目」とされていた経済学概論という講義があって、友人のほとんどが単位を取得したにもかかわらず、なぜかその単位を取れなかったという苦い思い出が私にはある。そんな経済学の基本的知識すら持ちあわせていない者が、経済分野でもっとも権威のある新聞にこうして駄文を書かせていただくのはまことに気がひけるのだが、それでもニュースを見たり話を聞いたりしていると、世間の景気はそれほど思わしくない状況にあるらしい。しかしそれなら、連休中の空港や主要な駅に展開されるあの混雑は、いったい何なのだろう。

とかく現代人は旅に出たがるものだ。そして多くの人には、景気の動向にかかわらず、旅行のために使われる別の財布がある、ということなのだろうか。

もちろん私とて旅行はきらいではない。旅先では土地ごとの珍味や銘酒を味わえるし、素朴でおだやかな人情に接することも多い。なによりも旅先では普段の生活からは得られない素敵な発見があって、日常に埋没している自分を外側から見直すことができる。

しかしそれは現代のレクリエーションとしての旅にそなわる楽しみであって、はるか昔の旅は、今とはまったく意味がちがう行動だった。「旅」とはなにかの必要があっておこなわれる移動であり、それは苦難に満ちており、決して楽しいものではなかった。

今の漢和辞典は「旅」を四画の《方》部に収めるが、「旅」は「旗」や「族」「旋」などとともに、もともとは《㫃》（音読みはエン）という要素によって意味をあたえられていた。《㫃》は旗竿《はたざお》の先につけられた「旒《リュウ》」（「はたあし」と訓じ、「吹き流し」のこと）が風に吹かれてひるがえっているさまをあらわす漢字であり、「旅」は、その《㫃》と《从》（何人もが並んでいるさま）の組みあわせである。

「旅」にある旗は軍旗で、旗を持った人の後ろにつきしたがって行進しているのは兵士である。つまり「旅」とは戦争に出かける兵士の集団のことで、古代では兵士五百人の集団を一「旅」とよんだ。かつての軍隊で使われた「旅団」は、まさにその意味で「旅」を使っている。いかに旅行好きの人でも、そんな「旅」はまっぴらごめんだろう。だれだっていかめしい軍旗のもとでの行進よりも、バスガイドさんや添乗員さんが持つ旗について歩き、おいしい店に案内される方がうれしいにちがいない。

平和な時代に生まれてよかったとつくづく思う。

「麻雀」はスズメの焼き鳥？

二〇一七年五月十四日

毎年五月十日から十六日までは愛鳥週間（バードウイーク）とされていて、この期間には野生生物の保護に大きな功績をあげた組織を表彰する式典がおこなわれるそうだ。

なるほどこの季節にはいろんな鳥の声が聞こえてきて、近所にある小さな森を散歩していても、脳味噌の中まできれいに洗われるような気がするものだ。ただ、森にひびくのがなんという鳥の鳴き声なのか、知識のない私にはまったくわからないのが残念だ。都会育ちの者が知っているのは、しょせんスズメとハトとカラスくらいであることがまことに悲しい。

中でも私にもっともなじみ深い鳥は、やはりどこにでもいるスズメだろう。「雀」は《隹《とり》》（「舊＝旧」に使われていることから「ふるとり」という）と《小》からできていて、文字通り「小さな鳥」という意味をあらわす漢字である。そしてこの字は、実際の鳥をあらわす他に「麻雀《マージャン》」というゲーム名にも使われているから、私などは学生時代からこの漢字とのつきあいが非常に深かった。

麻雀は中国で発明された遊びだが、その起源については諸説ある。そのうち一般的によくいわれる話では唐代に遊ばれた「彩選」というゲームがルーツとされ、それが種々の変化を経て、明代中期に「馬吊《マーティアオ》」という名前になった。ここまでマージャンの基本形がほぼできあがり、やがて清代初期に麻雀の基本的な形態が完成したらしい。日本では戦後にこのゲームが広く遊ばれるようになったが、今の日本でおこなわれているのは本来の中国式と少しルールがちがうから、北京の友人宅で卓を囲んだ時にはいろいろ戸惑ったものだった。

ところでこのゲームの名前に「雀」という漢字が使われるのは、「索子」（ソーズ）というマークが竹をモチーフとしていることからの連想と考えられ、また一説にはレンガ状の牌《パイ》をかきまぜる音が、竹やぶに群がるスズメの鳴き声のように聞こえるからだ、ともいう。

かくしてスズメがゲームの名称と密接な関連をもつようになったのだが、しかし今の中国でマージャンというゲームを「麻雀」と書くのは香港など南方だけであって、大多数の地域では「麻将《マージャン》」と書く。そして中国の標準語で「麻雀」（マーチュエと読む）と書けば、それはゲームではなく「スズメ」という鳥をあらわすのが普通である。

来日したばかりの中国人は、街角のいたるところに「麻雀」と書かれた看板があるのを見て、日本人はそんなにスズメの焼き鳥が好きなのだろうか、と不思議に思うそうだ。

「杓文字」は恥ずかしい道具

二〇一七年五月二十一日

近ごろはほとんど見かけなくなったが、かつて白い割烹着《かっぽうぎ》を着た何人もの女性たちが、手に手に「しゃもじ」を持ち、「公共料金値上げ反対」などと書かれた横断幕のあとについて街中を元気よくデモ行進したものだった。

この「しゃもじ」を漢字で書くと「杓文字《しゃもじ》」となるのだが、この場合の「文字」は、なにかの事情があって口にしにくい事物や概念を婉曲《えんきょく》にぼかしていうための表現で、このようなものを「文字ことば」とよぶ。

世はまさにグルメブームで、巷には食に関する情報が氾濫《はんらん》している。食事はできるだけおいしいものを、仲のいい人たちと楽しく食べたいものだ、と現代人ならだれだって思う。だがかつての日本では、ものを食べるのは「いじましくあさましい」行為と考えられた。特に身分の高い人は、人前では決してものを食べないように、としつけられていた。

室町時代に御所に仕えていた「女房《にょうぼう》」（「妻」ではなく、かつて天皇の身辺で種々の仕事をしていた官職名）にとっては、食事とはきわめて恥ずかしく、つつみ隠さねばならない行為だった。彼女たちはそんな「あさましく恥ずかしい」行為に関する事柄をそのままでは口にせず、婉曲的なことばを作りだして表現した。

その時代では「空腹である」ことを「ひだるし」といい、漢字では「饑し」と書いた。「饑」は「飢」の異体字で、「饑餓《きが》」（＝飢餓）といえばずいぶん大げさに感じられるが、「饑」は「空腹である」ことをいう、ごく普通の漢字である。

人間であればだれだっておなかがすく。しかし「私は空腹である」とは、やんごとない女房たちは口が裂けてもいえない。それでもひだるい、すなわち空腹であることはどうしようもない事実である。だから女房たちは遠回しに「私はあの『ひ』という文字ではじまる状態なのよ」という言い方で「ひだるい」ことをあらわした。それが「ひもじい」ということばで、それは本来「ひ文字い」なのだった。

「しゃもじ」はもともと「杓子《しゃくし》」という名前だった。だが食事に使うそんな「恥ずかしい道具」を、女房たるものが軽々しく口にできるわけがない。

それで「しゃ」という文字からはじまる「杓子」を「しゃもじ」とよんだ、というわけである。

神への「歌」が人間に

二〇一七年五月二十八日

北京の南西郊外約五十キロにある周口店《しゅうこうてん》は、北京原人（ホモ・エレクトス・ペキネンシス）の骨が発見された遺跡として有名で、交通はかなり不便だが、考古学や歴史好きの人々がたくさん訪れる。私も以前に見学したことがあり、蠟人形を使った展示室内では、家族とおぼしき数人が動物の肉を焼いて、今から食事にとりかかろうとする光景が興味深かった。彼らは火を使うことができ、原始的な打製石器を作り、使っていたことが遺跡から証明されているとのことだった。

数十万年前の原人だって、私たちと同じように、うれしい時には笑い、悲しい時には泣いたにちがいない。だが娯楽とよべるものは格段に少なかっただろうから、うれしい時に口から音声を出したとしても、それが歌であるかどうかはわからない。

洋の東西を問わず、歌は祭祀《さいし》の場で歌われるものとして発生し、原則的に楽器による伴奏がついていた。それは神にささげられる楽曲であり、決して娯楽として口ずさむものではなかった。日本語の「うた」の語源について、一説では言霊《ことだま》によって相手の魂を激しく揺さぶる、という意味の「打つ」に由来するという。

「歌」は古くは「謌」と書かれた。《言》は口からことばを発することを意味し、右側の《哥》は「カ」という発音をあらわすために加えられた要素である。

私たちにおなじみの「歌」という字形では《言》が《欠》に変わっているが、《欠》は人が口を大きくあけているさまをかたどった文字で、音読みは「ケン」、もともとは口から空気を出したり、ことばを発したり、あるいは歌ったりする行為をあらわした。ちなみにこの字を「欠席」「欠落」などと使うのは、戦後の当用漢字表に入らなかった「缺《ケツ》」（かける・足りない）を、その異体字である「𦈢《ケツ》」の右側にある「欠」で書き換えた結果である。

そんな《欠》で意味をあらわす「歌」は、人が口から大きな声を出すことであり、そうして歌われたことばそのものも、また「歌」という漢字であらわされるようになった。

歌は敬虔な心もちで神にささげるものだった。それがいつしか娯楽の一つになり、さらにずいぶん時間がたって、東海の島国で発明されたカラオケという機械が世界中にいきわたるようになった。歌の対象はかくして神から人間になったが、それでも歌が心の感動から発せられるものであることだけは、どうか変わらないでいてほしいものだ。

「朋」は同級生、「友」は同僚

二〇一七年六月四日

「朋《とも》有り遠方より来たる、また楽しからずや」。いうまでもなく『論語』冒頭にある有名な文章だが、ここでは今の日本人が使い慣れている「友」でなく、「朋」という漢字が使われている。このちがいについては、後漢の大学者として知られる鄭玄《じょうげん》が「師を同じくするを『朋』といい、志を同じくするを『友』という」と説明しており、それを現代風にいいかえれば、「朋」は学校の同級生、「友」は会社の同僚、ということになるだろうか。

『論語』では「友」でなく「朋」がやってきたというのだから、昔の同級生が遠くからはるばるやってきたわけだが、では彼はどのようにしてやってきたのだろうか。なにせ孔子の時代だから、鉄道や車などはもちろん使えず、歩いてやってきたにちがいない。また通信手段とてほとんどなにもない時代だから、その「朋」はおそらく事前の連絡もアポイントもなく、いきなりやってきたのだろう。その突然の来訪は、きっととてもうれしかったことにちがいない。

「朋」は《月》が左右に並んでいる形になっているが、この《月》は実は《貝》が変形したもので、《貝》は「財」や「貨」「貴」などに使われているように、古代では財産のシンボルであった。「朋」はそんな財産の象徴である貝をいくつもつないだ形で、多くの財宝を意味する文字だったのだが、それがやがて「友だち」という意味で使われるようになったのは、「朋《ホウ》」が「鳳《ホウ》」と同じ発音で、そのあて字として使われたからだという。

鳳《おおとり》は地上に理想的な平和が実現された時に出現する想像上のめでたい鳥とされるが、十四画もある面倒な漢字なので、古い時代には「鳳」のかわりに、より簡単に書ける「朋」でその鳥のことをあらわすことがあった。

鳳は鳥の中の王様であって、王様である限り、大勢の家来がつきしたがう。そのことをふまえて、中国最古の文字学書であり、漢字研究の聖典とされる『説文解字《せつもんかいじ》』は「朋」と「鳳」を同じところに配置して、「鳳飛びて群鳥従うこと、万をもって数う、ゆえにもって朋党の字となす」と記している。

朋（＝鳳）が飛びたつと、一万羽以上もの鳥があとにつきしたがう。それで「朋」の字に「朋党＝仲間」という意味ができた、というわけだ。

「選挙」——不正は古代の中国から?

二〇一七年六月十一日

二〇一七年七月に実施された東京都議会議員選挙では、中央卸売市場がそれまでの築地《つきじ》から少し離れた豊洲《とよす》に変わる問題などが主な論点になっていた。市場が築地にあろうが豊洲にあろうが、特定の業者や東京都民以外にはあまり関係ないのだが、なにせ首都である大都会東京の動向を決める選挙だし、さらに朝から晩までテレビのニュースでさんざん聞かされるものだから、都民でなくともやはり成り行きが気にかかった。

ところで、多人数の候補者の中から特定の人物を選び出す「選挙」ということばは、もともと古代中国での官僚採用制度に由来するものだった。といっても、世界史上もっとも難しい試験として知られる「科挙《かきょ》」にまつわる話ではなく、その前の時代のことである。

古代東アジアで前後四百年あまりにわたって続いた漢は、建国当初は功臣や皇后の親戚、あるいは資産家などからふさわしい人物を選んで官吏に採用していたが、儒教が国家の中心的思想となってからは、儒教が重視する道徳に秀でた者を官吏に採用する制度が設けられた。それは「親孝行で清廉潔白《せいれんけっぱく》」とか「品行方正」などの徳目に合致する人物を、郡や県の長官が所轄地域から選びだし、中央政府に推薦するというものであった。

この地方長官からの推薦による人材登用制度を「郷挙里選《きょうきょりせん》」（郷ごとに挙げ、里ごとに選ぶ）といい、略して「選挙」とよんだ。日本語でいう「選挙」は、これが語源である。なお「郷」や「里」は当時の集落の単位のこと、最小の集落が「里」、その「里」がいくつか集まって「郷」となるから、そこから人材を選ぶのは、いわば「ドブ板選挙」だった。

人材を推薦する立場にある長官は、能力と人柄にすぐれた人物を、土地での評判によって公平に選出する義務があり、そうして中央に推薦された者は皇帝の側近としていくつかの役職を担当し、やがて高級官僚となった。しかし中国の官吏はいつの時代でも特権階級であり、それはまた富と直結していたから、推薦を希望する者が非常に多かった。そんな状況のもとでやがて不正が発生し、ついには長官と土地の豪族との癒着《ゆちゃく》のために、有力者の子弟が能力もないのに推薦されるという、とんでもない事態にまでなってしまった。

日本でも選挙のたびごとに買収などの不正が話題になるが、それもまた古代中国の「郷挙里選」がルーツかもしれない。まことに悲しく、そして撲滅したい悪習である。

「雨」――最古の漢字のひとつ

二〇一七年六月十八日

空から降ってくるアメをあらわす文字を作ってごらん、と子どもにいえば、どこの国の子どもでもきっと、水滴が空からしたたり落ちてくるありさまを描くことだろう。じっさい「雨」という漢字は、こうして作られた。

よく知られているように、文字は絵からはじまった。ヤマや太陽など具体的に目に見える実体のあるものは、どこの国の人が描いてもだいたい同じような形になった。サカナを描けといわれれば、ほとんどの人はコイやアジのような流線型のサカナを描き、チョウチンアンコウやヒラメのように特殊な形状をしたサカナを描く人はめったにいない。だから古代エジプトやメソポタミア、あるいは中国などで作られた象形文字では、トリやウマ、あるいは樹木などがだいたい同じ形に書かれている。雨もまたしかりである。

「雨」という漢字は、今見ることができる最古の漢字である「甲骨文字」にも頻繁に登場する。

甲骨文字とは、殷《いん》という古代王朝（正しくは「商」という）の時代に、王と国家にとって重要な事柄について神のお告げを得るためにおこなわれた占いの記録である。中国だけに限らず、古代の人々は重要な事柄を決めるに際して、かならず神の意思をうかがった。しかし神のお告げは見たり聴いたりできるものでない。そこでおこなわれたのが占いで、古代中国では亀の甲羅《こうら》や牛の骨に熱を加え、表面にできたヒビの形によってお告げを読みとり、さらにお告げが実現してから、いつだれがどんなことを占ったかを当時の文字で書き記した。この文字を、亀の甲羅や牛の骨に刻まれたことから「甲骨文字」という。

実際に占われた重要事とは、たとえばライバル国家との戦争や狩猟、王の祖先に対する祭祀の可否、あるいは農業生産の収穫がうまくいくかどうかといったテーマだが、それらにまじって、「今夜は雨が降るだろうか」という降雨の予測がかなり頻繁に占われている。

今から三千年以上も前の、甲骨文字が使われた時代では、人々は天気まで神にたずねていたようだ。雨漏りのしない家に暮らす現代人とちがって、原始的な家に暮らしていた古代人にとって、降雨は迷惑でやっかいな現象だったにちがいない。

亀の甲羅に刻まれた「雨」という字を見ていると、狭い竪穴式住居の中で身を寄せあい、じっと雨を避けている家族の姿が目に浮かんでくるようだ。

「男女七歳にして席を同じうせず」の誤解

二〇一七年六月二十五日

私には一女一男の子どもがおり、二人とも中学校から私立の女子校・男子校に進んだので、十代なかばの多感な時期に学校で異性と机を並べて勉強した経験を持っていない。小学校から大学までずっと男女共学の環境で暮らしてきた私はそれを不幸なことと考えるが、しかし子どもたちはどちらも、同性だけの方があらゆる点で気軽だと主張し、さらに女子大学を卒業した家人もそれに同意する。

戦前の日本の小学校は、男女が同じ学校の敷地にはいたが、三年生以上はクラスが男女でわかれていた。おそらくどこかのガチガチ石頭が、男女が同じ空間に存在すれば「風紀が紊《びん》乱《らん》する」とでも考えた結果の教育政策だったのだろう。そしてそのよりどころとされたのが、「男女七歳にして席を同じうせず」という「聖賢の教え」だった。

だがそれは実は誤読にもとづく認識である。「男女七歳うんぬん」はたしかに儒学の経典に書かれているが、しかしそれを載せる『礼記《らいき》』の「内則《だいそく》」は、「家庭内でのさまざまなマナーとしつけ」を述べる部分である。

問題の文章は「六歳になったら子どもに数と方角の名前を教えよ」とあるのをうけて登場し（数と東西南北がわかれば麻雀ができる、というのはもちろん冗談である）、七歳になったら「席を同じうせず」、そして十歳になったら「外へ勉強に出しなさい」と続く。つまりそれは六歳から十歳までの子育てを述べた部分であり、男女を別々のところで勉強させよという記述ではない。そもそもこの文章では、七歳の子どもはまだ学校に入っていないのである。

誤読の原因は、「席」という字を「座席」と解釈したことにある。「席」は本来「敷物・むしろ」をあらわし、今の中国語でも床に敷く「ござ・むしろ」を「草席」という。「席」を「すわる場所」という意味で使うのは、「敷物」から派生した意味なのである。

「男女七歳にして席を同じうせず」という文章での「席」は、「ふとん」という意味で使われている。それは男の子と女の子は七歳になったら同じふとんに寝かせてはいけない、という教えなのだ。「七歳」は数え年だから、現代式に考えれば満六歳前後で、子どもは一つのふとんに寝させるには大きくなりすぎているし、そろそろ性に関しても初歩的な知識と関心が芽生えだすころである。おませな子どもなら、いたずらをするかもしれない。だからそろそろ別々にふとんを用意してやりなさい、という教えだったのである。

「个」――矢印の記号ではなく漢字

二〇一七年七月二日

今の中国では漢字の形を大幅に簡略化した「簡体字《かんたいじ》」が使われていることはテレビのニュース映像などによってよく知られているが、その「簡体字」の中でもっともよく見かけるのが「个」だろう。この「个」は矢印の記号ではなく、れっきとした漢字で、日本語の「枚」や「冊」のように物を数える時に数字と名詞をつなぐ「助数詞」だが、人間を数える時にも使うので、たとえば「三人の学生」を中国語では「三个学生」という。

この「个」の本来の形は「個」であった。しかし「個」をどのようにいじくりまわしても「个」にはなりそうにない。「个」は実は「個」と同音同義である「箇」の上にある《竹》を半分にわけて、少し形を変えた文字である。なんだかお遊びのような作り方だが、しかしそれは近代に作られた新しい字ではなく、非常に早い時代から「個」の俗字として使われていた。戦国時代の文献『春秋左氏伝』（昭公二十八年）に、すでにその用例がある。

ところで印刷物に見える「个」は三画になるが、印刷ではなく、中国人が手書きでこの字を書く時にはすべての筆画を続けて書くから、結果的にカタカナの「ケ」とよく似た形になる。これが日本語で「ケ」を「個数」の意味で使うようになった由来であり、もともとは中国から輸入された荷物の箱などに「茶碗六个」というように、手書きで書かれていた「个」を、日本人が「ケ」と読み誤ったのがはじまりだろう。

中国語の授業で、ものを数える助数詞を解説する時の余談として、「たこ焼き　八ケ五〇〇円」と書くのはこのような理由によると説明すれば、学生たちは興味津々として話を聞く。しかしそれと同時におこなう「目に一丁字《いっていじ》を識らず」という表現に関する話が、まったくウケないのは実に悲しいことである。

「目に一丁字を識らず」、あるいは「目に一丁字無し」とは、文字を読む能力がまったくないこと、引いて「無学である」ことをいう表現であり、また意味が転化して、今では映画などで字幕が変わるスピードが速く、字が全然読めない時などにも使われるが、これは唐代の張弘靖《ちょうこうせい》という人物の伝記に、「今天下は無事なり。汝らは両石《セキ》の力弓を挽《ひ》きうるも、一丁字を識るにしかず」（強い弓を引くより、文字が読めるにこしたことはない）とあるのが出典である。だが「一丁字」とある部分は、本来は「一个字」（＝一個字）と書かれるべきで、「丁」は実は「个」を誤り写したものなのであった。

「晴耕雨読」――昔の読書人はしなかった

二〇一七年七月九日

貴重な書物をたくさん所蔵しておられることで知られる図書館に、国宝に指定されている唐代の写本の閲覧を申請したところ、ありがたいことに許可してくださり、閲覧日時を指定された。ただその時に「もし雨が降っていたり、雨になりそうな気象状況ならお見せできないので、当日の朝にかならず確認の電話をしてほしい」との要請を受けた。この図書館では雨の日は書物を書庫から外に出さないことにしているとうかがって、そこが本当に書物を大切にしておられる図書館であることを実感した。

「晴耕雨読」ということばがある。

晴れた日は野外で畑仕事に汗を流し、雨が降る日は部屋にこもって、気ままに好きな書物を読む、そんな悠々自適の生活を表現することばで、今の日本でも「定年後は田舎にひっこんで、晴耕雨読の日々を送りたいものだ」などと使われる。

ところがこのことばの出典がなかなか見つからない。和漢の文献を索引など使っていろいろ調べているのだが、出てくるのは日本の近代以後の小説などに見える用例ばかりで、古い時代の書物に使われたケースを、私はいまだに検出できないでいる。

中国で書物が印刷されるようになるのはだいたい十世紀以後のことで、それまでは写本が中心だった。「手書きの本」を現代人はとかく貧相なイメージでとらえてしまうが、印刷の質が向上するまでは、印刷された本より写本の方がはるかに重要視されていたのである。

唐代の写本が日本にもたくさん残っているが、ほとんどは麻を原料とした紙を使い、全体が黄色に染められている。その染料として使われた黄蘗《きはだ》（ミカン科の植物）の種子には紙につく虫を防ぐ毒性があって、その防虫効果は絶大であった。今も鮮やかな黄色を保つ古代の写本が、紙魚《しみ》による損傷をほとんど受けず、非常に良い状態で保存されているのは、この染色による防虫効果が効果を発揮したためにほかならない。

書物を本当に愛する人は、紙が湿気にさらされることをなによりもきらった。もちろん湿度管理の機械がある時代ではないから、読書人は雨の日にはできるだけ書物を広げないように心がけていた。

「晴耕雨読」とは、印刷の時代に入って書物が大量生産され、紙に書かれた書物を大切に保護する習慣が薄れてからあとにできたことばではないか、と私は考えている。

「酒池肉林」——自然の摂理に背いた行為

二〇一七年七月十六日

伝説によれば、殷の最後の王となった紂《ちゅう》は、古代ローマ帝国の皇帝ネロと並び称される暴君で、悪逆非道の限りを尽くしたと酷評されるが、その紂王がおこなった悪事のひとつに「酒池肉林」がある。

今の日本語で使う「酒池肉林」には、中年オヤジが紅灯きらめく歓楽街で、まわりに何人もの女性をはべらせ、ひたすらヤニさがっているような、みだらなイメージがある。しかしこれは「肉」という漢字を女性の肉体と考えた解釈であり、この語の出典である紂の故事では、「肉」は食べる肉のことになっている。

司馬遷の『史記』（殷本紀）によれば、紂はある時、宮廷の庭にある池いっぱいに酒をみたし、木の枝に乾し肉をたくさんつるして、裸になった男女を庭に入れて、夜遅くまであかりをともして盛大な宴会を開いた。それが「酒池肉林」の故事であり、裸の男女が夜に野外で遊んだというのだから、その宴が夏に開かれたことは確実である。

人民の苦労を忘れたそんな暴君のために殷はついに滅亡するのだが、ところでこの「酒池肉林」の話では、莫大な浪費もさることながら、夜遅くまで宴会を開きつづけた点も、王の罪悪のひとつに数えられている。電気などによる照明が普及するまで、夜に煌々《こうこう》とあかりをともすのは非常に贅沢なことだった。まして紂は広大な庭園で夜遅くまで宴をはった。照明はおそらくたいまつとかがり火だろうが、それに要した資材と労力もまたかなりのものであったにちがいない。

近年にいたるまで人間は日没とともに活動を休止し、翌朝まで休息をとってきた。「夜」という字がそのことをあらわしており、古い字形の「夜」は《大》（人の正面形）と《月》の組みあわせになっている。

空に浮かぶ月を眺めながら、人が横になって休息していることをあらわすのが「夜」である。そんな時間に酒を飲み、肉を食らうのは、自然の摂理に背いた、とんでもない行為だった。紂が暴君とされる理由のひとつはここにある。

しかし燃料事情の改善と照明器具の開発・進歩によって、人は夜もさまざまな活動をおこなえるようになった。これが人間にとって進歩なのか堕落なのかは、なかなか難しい問題である。次に眠れない夜があったら、暗闇の中でじっくり考えてみたいものだ。

「烏」が「鳥」より一画少ない理由

二〇一七年七月二十三日

カラスはだいたいどこでもきらわれ者と相場が決まっているようだ。

江戸時代の民話「種蒔《ま》き権兵衛」では、ゴンベがタネを蒔くそばからカラスがほじくって食べてしまうし、またこの憎らしい鳥は家の屋根や木の枝などに止まって、「アホー、アホー」と人を馬鹿にしたように鳴く。西洋のおとぎ話でも、カラスが善玉として登場することはほとんどなく、だいたい意地悪でずるがしこい人物の代名詞的に使われる。

カラスは動物の死肉にむらがる習性があって、それだけでも人にいいイメージをあたえないが、きらわれる最大の原因は、やはりあの不気味な色だろう。

「髪はカラスの濡れ羽色」といえば黒髪の美しさをたたえた表現だが、しかしもし「自然界真っ黒度コンテスト」というものがあれば、カラスは石炭とともに優勝候補の筆頭にあげられるだろう。あれほどに「純黒」の生き物も珍しい。

ところでカラスをあらわす《烏》という漢字は《鳥》と非常によく似ており、両者のちがいは一本の横線の有無だけである。この《烏》が《鳥》より横線が一本少ないのも、実はカラスの「純黒」の故なのである。

伝統的な文字学で説かれるところでは、カラスは顔の部分まで真っ黒だから、ヒトミがはっきり見えないので、それでその部分に線を書かない、という。なんだか人を食ったような説明に思えるが、しかし過去の漢字研究で最高の碩学《せきがく》とされる段玉裁《だんぎょくさい》（一八一五年没）は、その著書『説文解字注』で「純黒の故を以てその睛《ひとみ》を見ず」といっているし、現存最古の漢字である「甲骨文字」の時代から一貫して、《烏》が《鳥》より線一本少なく書かれているのはまぎれもない事実である。

しかしそんなカラスにも少しは美点があって、カラスは非常に親孝行な鳥だという。カラスには「反哺《はんぽ》の孝」という美徳があって、「哺」とは「口うつしにエサをあたえる」こと、親鳥からエサをもらったひな鳥が成長し、自分で餌を取ってこられるようになると、自分を育ててくれた親鳥の分まで餌をとってきて、老いた両親にそれをさしだすのだそうだ。

カラスがもし「反哺の孝」を実践し、親を大切にしているのならばほめてやりたいところだが、しかし道端に置かれる生ゴミの袋を破り、あたり一面に食べ散らかすカラスは、自分で取った餌を自分だけで食べているようだ。こんなカラスはさっさと追い払うに限る。

「顰蹙」はセクハラことば？

二〇一七年七月三十日

「ヒンシュク」ということばが流行しだしたころ、最近の若者はずいぶん難しいことばを使うものだと感心したが、いつの間にか、ごく一般的に使われることばになったようだ。先日乗りあわせた電車の中では、幼稚園くらいの子どもが母親に「ママ、そんなことしたらヒンシュクものだよ」と叫んでいた。

「ヒンシュク」を漢字で書けば「顰蹙」となり、本来は他人の言動を見聞きし、眉をひそめて不快な気もちを示すことを意味した。「顰」とは眉をひそめること、「蹙」とは顔をしかめることをいうのだが、「顰」は二十四画、「蹙」は十八画、二字あわせれば四十二画もあって、書くだけで時間がかかるし、そもそもこれを手書きで書ける人もめったにいないだろう。しかしそんな難しい漢字を使ったことばがこれほどに気軽に使われるのは、パソコンや携帯電話などでいともたやすく漢字に変換できるようになったからにちがいない。

このことばの出典は『荘子』の「天運篇」にあって、原文は以下の通りである。

西施《せいし》　心《むね》を病みてその里に顰《ひん》す。その里の醜人《しゅうじん》見てこれを美とし、帰りてまた心を捧《う》ちてその里に顰す。その里の富人はこれを見て、堅く門を閉ざして出でず、貧人はこれを見て、妻子を携えてここを去りて走る。かの人は顰の美なるを知るも、顰の美なる所以《ゆえん》を知らず。

古代中国の伝説的な美女であった西施には胸のわずらいがあり、発作が起きると苦しげに顔をしかめ、じっと痛みに耐えていた。絶世の美女が苦しげに顔をしかめる姿は、大変に美しいものであった。そんな西施のしぐさをみた同じ村の「醜人」が、西施のまねをして胸をおさえ顔をしかめてみたところ、村の金持ちたちは戸を閉ざして外出しなくなり、貧しい者たちは妻子をつれて他の村に移り住んだ、という。

この話から、実力や身のほどを知らず、すぐれた人の業績や行為をただ外面だけ模倣することを「顰《ひそ》みに効《なら》う」といい、また「顰蹙」というようになった。

すっかり日本語にとけこんだ「ヒンシュク」だが、その背景にはこのように女性を美醜のちがいで差別する構造があった。今ならまちがいなくセクハラの例とされるが、しかしそれがまったく糾弾されないのは、最近の日本人が中国古典に対する知識にとぼしく、ことばのルーツを知らないからだ、と講義で話すと、あとで学生から、そんな傲慢なことをいってるとみんなからヒンシュクをかいますよ、と忠告されてしまった。

「重箱読み」と「湯桶読み」

二〇一七年八月六日

漢字で作られる熟語の読み方には、「重箱読み」と「湯桶《ゆとう》読み」がある。最初の漢字を音読みで、次を訓読みで読むのが「重箱読み」で、その逆が「湯桶読み」である。

ここに出てくる「湯桶」を、私はずっと入浴に使う風呂桶《おけ》だと思っていたが、それはまちがいで、「湯桶」とは湯や酒を入れる漆塗り容器のこと、つまりそば屋で「そば湯」を入れて出てくるあの木製容器が「湯桶」なのである。要するに重箱と湯桶は、食卓に登場する漆塗りの道具を使った対比なのだが、いつ、だれが作ったことばなのか、いろいろ調べているのだがまだわからない。

ところで重箱・湯桶読みは漢字本来のありかたからいえば変則的な読み方であって、事故などで交通網が混乱した時に走る「代替バス」はしばしば重箱読みで「だいがえバス」と読まれるが、正しくはもちろん「だいたいバス」であるべきだ。

重箱読みで「しゃはば」と読む「車幅」も、私には違和感がある。「幅」の音読みはフクだから「シャフク」が正しいと思うのだが、自動車メーカーでも警察でもどうやら「しゃはば」に統一しているらしい。わが愛用のパソコンに搭載されている日本語変換辞書でも「しゃふく」では「車幅」に変換されず、「しゃはば」と入力しなければならない。

しかし同じ漢字でも、「幅員」では「フクイン」と音読みで読まれる。「幅員」は『詩経《しきょう》』（商頌・長発）に見え（原文は「幅隕既に長し」）、注釈によれば「幅」は左右の長さ、「員」は周囲の長さのことだが、日本語ではもっぱら道路や橋などの「はば」の意味に使われる。

そこまではよいのだが、拙宅の近くにある国道でしばらく前に工事がおこなわれていて、そこに「巾員狭少につきご注意ください」という看板が出ていた。

「幅員」はだれでも「フクイン」と読む。しかし「車幅」では「幅」を「はば」と読むものだから、どちらも「はば」という訓読みを持つ「幅」と「巾」を同一視してしまったのだろう。かくして「巾員狭少」という掲示が道に掲げられることになる。だが「巾」の音読みは「キン」だから、この看板は「キンインキョウショウ」と読まねばならない。

「車幅」が重箱読みで読まれるようになったのがいったいいつからなのかはわからないが、その読みが社会に定着した結果、「巾員」という珍妙な表記が生まれた。こうして日本語は乱れていく。嘆かわしいことである。

夏のお盆と「覆水盆に返らず」

二〇一七年八月十三日

かつて夏のお盆と正月は、「藪入《やぶい》り」とよばれる時期でもあった。江戸時代の社会には武士にも町人にも「定休日」がなく、幕府も寺子屋も商家もほぼ年中無休だったが、商家の奉公人たちは、正月と七月の十六日（ともに旧暦）だけは休暇をもらえた。

この日、奉公人たちは主人からいくばくかの小遣いをもらって親元に帰省したが、中には実家が遠くて帰れないので、芝居や寄席見物に出かけた者もいたらしく、藪入りの盛り場はたいへんなにぎわいだった。しかしこの風習はやがて「住みこみ奉公」がなくなり、週休制が定着して急激に衰退した。今では単に「盆と正月」ということばが残るだけである。

ところで、京都は盆地だという時の「盆」を、私は大学生のころまでずっと、お茶などを載せて運ぶあの「ぼん」のことだと思っていた。しかしあの平らな「ぼん」（近ごろはトレイというらしい）では、どう考えても「盆地」の形にならない。また「覆水盆《ふくすいぼん》に返らず」ということわざがあるが、そもそも「覆水」（こぼれた水）が、あんな平らな「ぼん」に返るはずがない。

この「盆」が底の浅い鉢のことだと知ったのは、中国語の授業で「臉盆《リエンペン》」（＝洗面器、臉は「かお」のこと）という単語を習った時だった。またかつての中国の大学や職場の食堂では小さな洗面器のような鉢にご飯をいれたが、それを「飯盆《ファンペン》」とよんだ。そしてあとから気づいたのだが、そもそも「盆栽」の「盆」が、まさにその意味であった。

周の建国の功臣とされる太公望呂尚《りょしょう》は、若いころ本ばかり読んでいてちっとも仕事をせず、あまりの貧しさに妻が離縁を申し出た。だがやがて彼が周の文王・武王父子に重用されて殷を倒し、やがて斉《せい》の国王となると、逃げた妻がおずおずと出てきて復縁を願い出た。その時呂尚は鉢（＝盆）に入れた水を地面にぱっと撒《ま》き「おまえは私のもとを去ったのに、今こうして復縁を望む。でも鉢からこぼれた水は、二度ともとの容器には戻らないのだよ」といった。「覆水盆に返らず」とは、離婚した夫婦は元通りにならないということのたとえであり、転じて「一度起こったことは二度と元に戻らない」という意味に使われる。

それにしても、ムシのいい申し出をしてきた女に向かってパッと水を撒き、かっこいいセリフを決めた呂尚は、さぞかし胸がすく思いをしたことだろう。私も一度くらいはそんな思いを……と思うが、しょせんは真夏の夜の夢にすぎないことだろう。

「夫唱婦随」？　「婦唱夫随」？

二〇一七年八月二十日

知人の結婚披露宴によばれ、寄せ書きの色紙が回ってきた時に「夫唱婦随、婦唱夫随」と書いたら、隣の方が「いいことばですね」とほめてくださった。亭主関白でもカカア天下でもなく、夫婦双方の話しあいで家庭を運営していくべきだという信念を書いたつもりだが、いかんせん、その実践が難しい。

「夫唱婦随」ということばの出典は『千字文《せんじもん》』にある。『千字文』とは六世紀の中国で周興嗣《しゅうこうし》という人物が作った、漢字習得のための教科書で、要するに「漢字で作ったいろは歌」である。ただし仮名を覚えるための「いろは歌」がわずか四十七文字でできているのに対し、漢字の教科書はそんなに少ない字数では作れない。『千字文』はその名の通り、一句四字で二百五十句、合計一千字でできている。だがそれでも今の日本の小学校で学習する漢字が合計一千二十六字あることを考えれば、合計一千字というのは非常に少ないというべきである。『千字文』は日本でも寺子屋などで漢字を学ぶ教科書として、あるいは書道のお手本として普遍的に使われたから、明治時代より前に漢字を勉強した人は、だいたいその文章を暗記していた。その『千字文』の第八三・八四句に「上和下睦、夫唱婦随」とある。

その『千字文』には多くの注釈書があって、北朝・北斉《ほくせい》（六世紀）の李暹《りせん》が著した注釈では、「夫唱婦随」については次のような物語が書かれている。

後漢の梁鴻《りょうこう》は謹厳実直な人物で、結婚してから一年以上も妻に対して口をきかなかった。思いあまった妻がそのわけを問うと、美しい服を着て、顔に紅《べに》まで塗っている女など自分の妻ではないからだ、という。そこで妻は、自分は礼儀に厳格な夫の気もちを察してそうしていたのだが、それがお考えにそぐわないのなら、質素な身なりも用意していますと返答し、華美な服を質素なものに着替え、イバラの冠をつけたので、梁鴻は、それでこそわが妻だと納得した。それが「夫唱婦随」ということなのである……。

かつてはそんな女性がお手本とされたのだろうが、この話に共感を覚える現代人はきわめて少ないにちがいない。梁鴻が今の日本に生まれたらいったいどうなるかねぇ、などと飲み会で友人たちと話していたら、仲間の一人が、カミさんが有名ブランドの服を買ってくるのはなんとかガマンするが、「婦唱夫随」でオレまでペアルックにされるのはちょっとつらいなぁ、とつぶやいた。

「葷」を許さず「酒」は山門に入れ

二〇一七年八月二十七日

昔の電報はカタカナだけで書かれていた。年配の方には「なにを当たり前のことを」と思われるかもしれないが、若い世代にはその事実を知らない人もけっこうたくさんいる。

カタカナだけで書かれた日本語は非常に読みにくく、まちがって解釈される危険もあった。たとえば「キョウハイシャヘイク」は「今日は医者へ行く」とも、「今日歯医者へ行く」とも読める。ただしこのまぎらわしさは、点を一つ加えるだけで、すぐに解消できる。

句読点をつけることで文章の意味が明確になることはよくあるが、しかし日本でも中国でも、昔の文章には句読点がまったくついていなかった。だから中国古典を専攻する学生は、漢字ばかりがぎっしり並んだ「白文」に点を打つことから勉強がはじまるのだが、点を打つ場所によって、文意が大きく変わることがあるので注意が必要だ。

禅寺の門前に「不許葷酒入山門」（葷酒《くんしゅ》山門に入るを許さず）と刻まれた石碑がよく建っている。「葷《くん》」とはニンニクやニラなどにおいの強い野菜のことで、「不許葷酒入山門」はそれらの野菜と酒を清浄な場所に持ちこむことを禁止する通達であるが、その七字に点を加え「不許葷、酒入山門」とすれば、「葷を許さず、酒は山門に入れ」と読めてしまう。

もちろん冗談だが、厳しい修行がおこなわれる寺院で酒が禁止されるのはわかるとしても、なぜ「葷」まで禁止されるのだろうか。それは、ニラやニンニクなどを食べると若い修行僧が精力旺盛になり、よからぬ煩悩による妄想がさかんにおこって、修行のさまたげになるから、との配慮なのだそうだ。若い修行僧も、いろいろ大変だったようだ。

僧だけではなく、昔は女性もめったにニンニクを食べなかった。いろいろな女性論を展開する「雨夜の品定め」(『源氏物語』「帚木《ははきぎ》」)の中に、風邪をひき、その養生のために「極熱《ごくねち》の草薬《さうやく》」とよばれたニンニクを食べた女性が登場するが、その女性は御簾《みす》ごしに話すばかりで、「この薬草のにおいが消えた時にでもまたお立ち寄り下さい」と、会いに来た藤式部丞なる男性に会おうとしない。

ニンニクはもともと「大蒜」と書き、「おおびる」あるいは略して「ひる」という名前でよばれる野菜だった。それが「ニンニク」とよばれるようになったのは、屈辱や苦しみに耐えて怒りの感情を起こさないことを意味する仏教用語「忍辱《にんにく》」に由来する。なんのことはない、「葷」もちゃんと山門の中に入って、仏教用語での名称を得ていたのだった。

「鞄」はカバンではない？

二〇一七年九月三日

京都の知恩院《ちおんいん》近くにある老舗のカバン店は、帆布《はんぷ》という厚手の布を使った堅牢なカバンで熱心なファンから愛され、いつも多くの客でにぎわっているが、この店の前には、《布》と《包》を左右に並べた大きな「文字」が書かれたのれんが掛かっている。

この店と親交のあった永六輔氏の創案になるというその「文字」は、「鞄」という漢字をひねったもので、世間で使われる一般的なカバンは革で作ったものが多いが、同社のカバンは綿や麻などの布を素材にしているので《革》を《布》におきかえたというわけだ。なかなかよくできたアイデア漢字である。

だが「鞄」という漢字はもともと「革をなめす職人」という意味で、古くは「カバン」という意味がなかった。その「革をなめす職人」というのも古典文献における使い方であり、そもそも今の中国語では「鞄」という漢字をほとんど使わない。

カバンのことを今の中国語では「包」という漢字であらわすのが一般的である。学生やサラリーマンが本や書類を入れるカバンは「書包」だし、リュックサックは「背包」、女性のハンドバッグは「手提包」という。

古代から最近にいたるまで中国で作られたほとんどの字書には「鞄」が見出し字に載せられているが、しかしそこの説明に「カバン」という意味はない。だからなのだろう、「カバン」は「鞄」に対して日本人があたえた国訓だとする漢和辞典もある。

だが調べてみると、十九世紀末期の中国で書かれた小説の中に「鞄」を革製のトランクという意味で使った例があるから、「鞄」を「カバン」と読むのが日本だけに限定されたことではないようだ。

いっぽう中国には古くから、二枚の四角い板で紙や薄い書物をはさみ、板の端にある穴にひもを通して結んだ「夾板」という道具があり、これを中国語で「チァパン」と発音する。この「夾板」が内側にモノを入れることから革トランクを意味する「鞄」と結びつき、「チァパン」という音が「カバン」になったという説がある。

だがかつての日本では、革で作られた「鞄」は非常に珍しかったにちがいない。だから「布」と「包」でカバンをあらわす「文字」は、日本本来のカバンの姿をあらわしているといえるだろう。

「破天荒」――画期的に高尚あるいは優秀

二〇一七年九月十日

前漢と唐の都として栄えた長安、現在の西安から、仏教美術の宝庫として知られる敦煌《とんこう》まで飛行機で移動したことがある。ジェット機で一時間ちょっとの距離だが、昔は何日間もラクダに揺られて旅したのだから、さぞかし大変だっただろうな、と思いながら窓の下を眺めていると、下界にはしだいに息をのむ景色が展開しはじめた。

あたり一面どこまでもひろがるゴビ砂漠の中に、まるで雪が積もっているかのように、真っ白に見える部分がある。土壌に含まれている塩分が地表にまで浮かびあがっており、これを「塩害《えんがい》」とよぶのだそうだ。緑豊かな国に育った者から見れば、それは「不毛の大地」以外のなにものでもなかった。

中国は広大な国土を擁するが、しかし農業にも牧畜にも適さない荒れ地がかなりの割合を占めている。そんな草木一本すら生えない土地のことをかつては「天荒《てんこう》」とよび、そしてそのことばは、優れた人材がまったく出現しない「人材不毛」の地のたとえにも使われた。

中国中央部に位置する湖北省は、長江の恵みを受け、東西南北に通じる交通の要衝地で、気候も温暖な暮らしやすい地域であるにもかかわらず、唐代では優秀な人物がまったく輩出しない、「天荒」の地とされていた。なにせそこからは、中央政府の要職にあたる高級官僚を採用するための試験「科挙」で、最終合格者である「進士」はおろか、その第一段階の試験にすら合格する者がいなかったのである。

ところが大中四（八五〇）年のこと、その地域出身の劉蛻《りゅうぜい》という男がまず地方での試験に通り、さらに中央でおこなわれる本試験にも優秀な成績で合格した。人々は彼の快挙をたたえ、かの「天荒」の地からついにそれを破る男が現れたのかとの驚きをこめて「破天荒」ということばでよんだ（『北夢瑣言《ほくぼうさげん》』巻四）。

「破天荒」とは、慢性的に劣悪あるいは粗悪だった状態をうちやぶり、画期的なまでに高尚あるいは優秀な状態を出現させることをいうことばである。それが今の日本語では、単に「前代未聞」とか「驚くべき」という意味に使われている。「破天荒な偉業」というのは正しい使い方なのだが、「がんばっていた社員を離島の営業所に左遷するのは、破天荒な人事だ」というのは、語源から考えれば正しい使い方ではない。

「抒情」と「叙情」

二〇一七年九月十七日

詩歌の作品には、もともと「抒情」と「叙事」という二種類のタイプがあった。いうまでもなく表現者個人の感情や感動を述べあらわしたものが「抒情」であり、それに対して歴史的事実や太古の神話などを、時系列などにしたがって、ありのままに記録したものが「叙事」である。

両者はもともとタイプがはっきりとわかれていた。ところが最近では「抒情」を「叙情」と書くことが多いので、「叙情」と「叙事」が入りまじって、話がややこしくなってきた。

それは、法律や公文書などの表記に使える漢字を定める規格として戦後まもなく制定された「当用漢字表」（合計一千八百五十種類の漢字を収める）に「抒」という漢字が収録されなかったため、公用文や学校の教科書などで「抒情」という書き方ができなくなったので、「抒《ジョ》」と同音の「叙《ジョ》」を使って「叙情」と書き換えたからにほかならない。

だが「抒」と「叙」にはもともと大きな意味のちがいがあった。

「抒」は《手》で意味をあらわし《予》で発音をあらわす形声《けいせい》文字で、中国最古の文字学書『説文解字』には「挹《く》むなり」とある。「挹」とは鉢などの中から酒や水をひしゃくで汲みだすことをいい、「抒」もその「汲みだす」ということから意味が広がって、心の中にある感情を外に汲みだして表出することをいうようになった。その意味で作られたことばが「抒情」なのである。

いっぽう「叙」は右にある《又》が「手でもつ」という意味をあらわし、《余》で発音をあらわしているが、こちらは『説文解字』では「次第するなり」と訓じられる。「次第」とは順番をつけるという意味だから、「叙」とはものごとを順序だてて整理して処理するという意味、たとえば官僚をランクごとに任命することを「叙任」といい、ランクに応じて勲章をあたえることを「叙勲」という。なんらかのことがらを文章で表現することを「叙述」というのも、ものごとを順序にしたがって記述したからにほかならない。

だから歴史的事実や神話などを順序だって表現する行為を「叙事」とよぶのは、正しい使い方である。しかし「叙」の本来の意味から考えれば、「叙情詩」とは個人の感情を、筋道を立てて分析し、それを論理的展開にしたがって順番に述べた詩歌、ということになる。

そんなつまらないものを、いったいだれが読みたいだろうか。

「君子豹変」は良いことだ

二〇一七年九月二十四日

かつてどこの大学にも、名物教授とよばれる先生がおられた。その先生が「名物」であるゆえんは、常軌を逸脱した奇抜な行動であったり、三つ揃えのスーツに運動靴という出で立ちであったりとさまざまだったが、昨今の大学にはそんなユニークな先生がほとんどいなくなったようだ。

私が在籍した大学には、学期末の試験で答案用紙に名前を書くだけで単位を、それも「優」をくださる、ホトケのような教授が何人もおられた。その先生がたのおかげでかろうじて卒業できたという学生は、おそらく数百人というレベルで存在するにちがいない。

いわゆる「一般教養科目」を担当しておられたO教授もそんな名物教授の一人で、「楽勝科目」の情報は最優先事項として先輩から後輩に申し送りされるから、私もO教授の講義だけは必ず履修届を出せよ、と何人もの先輩から声をかけられた。ところがあいにく同じ時間に私にはどうしても聞きたい講義があって、O教授の講義を見送らざるを得なかった。

学期末になって、大量の学生がＯ教授の試験を受けた。彼らはこの単位だけはイタダキであることになんの疑問ももたなかった。ところがＯ教授はその年から方針を変更され、答案を精査して採点されるようになった。結果は想像の通りで、大げさにいえば怨嗟の声がキャンパスに満ちた。幸か不幸か履修していなかった私は、友人たちに同情しながら、「他人の不幸は蜜の味」とばかりに、心の中で快哉を叫んだものだった。

あてがはずれた友人の一人は、同じ悲劇を味わった仲間たちと居酒屋でぐちりながら、「ありえない豹変だ」とつぶやいた。手のひらを返すようにコロッと態度や方針を変えることを、友人は「君子豹変」という熟語で表現しようとし、最初の「君子」を省略したのである。

「君子豹変」は、その時代からすでに、そのように使うのが一般的だった。しかしそれは実は誤用である。「君子豹変」とは儒学の経典『易経』（「革」卦）に見えることばで、もともとは「豹の毛が季節の変化に応じて生《は》えかわり、美しい斑文となるように、君子も時代の変化に応じて自分を迅速かつ的確に変えていくべきだ」との意味であった。

Ｏ教授がもし単位のばらまきは学生のためによくないと考えて方針を変更されたのだったら、それはまさに「君子豹変」された、というわけだ。

「党」——五百軒の家の集まり

二〇一七年十月一日

戦後まもないころから、日本では保守政党による長期単独政権が続いていた。私が子どものころは、総理大臣も国務大臣もほぼ自民党出身の政治家と決まっていた。だがそんな状態が一九九三（平成五）年に細川護熙氏を内閣総理大臣とする連立政権内閣発足で終わり、それからあとも今までに、ずいぶん時間がたった。

この間の政界の再編成には、実にめまぐるしいものがあった。既存の政党にいた人がとびだして新党を作ったかと思えば、それがまた分裂したり、あるいは他のグループと手を結んだり、まことに複雑怪奇なありさまだった。その分裂と統合の様相を克明に覚えている人などほとんどいないだろうが、政党がある限り、政党の統廃合と新党の誕生はこれからもきっと続いてゆくのだろう。

今の日本語で「党」といえばほとんどの場合政党をさすが、「党」という漢字がこのように考えを同じくする集団の名称として使われるようになったのは実は比較的新しい時代のことで、もともとこの字は「地域統治のための行政単位」を意味していた。

古代の中国では五百軒の家の集まりを「党」とよび、そこからこの字にグループという意味ができ、それがやがて政党という意味に発展していった。

「党」の本来の字形は「黨」で、「くろい」という意味をあらわす《黑》（「黒」の旧字体）と発音をあらわす《尚》の組みあわせだが、この《黑》は日々の炊飯や調理でススがついて黒くなった煙突をあらわしている。

古代の日本には、民のカマドがにぎわっているかどうかで国の統治がうまくいっているかどうかを判断した為政者がいたそうだが、民のカマドを視察するには、それぞれの家の中に入って確認しなければならない。権力者がそんな面倒なことをするはずはなく、実際には彼は家々の煙突から煙が立ちのぼっているのを高台から眺めて満足していたにすぎない。

煙突のよごれは、庶民の生活状況を示すバロメーターである。「党」とはそんな生活のシンボルともいえる煙突で結ばれる地域共同体のことだった。それがやがて、考えや目的を同じくするグループという意味に変わっていったのだが、選挙で街頭やテレビの政見放送から声高に訴えられる各「党」の政策の中に、たった五百軒くらいの小さな範囲しか視野にいれていないものがないことを心から祈るしだいである。

「対策」――皇帝からの下問に答えた文書

二〇一七年十月八日

　私が受験勉強をしていた時代には、受験関係の大手出版社だった旺文社から「傾向と対策」というタイトルの受験参考書が刊行されていた。英語や数学など科目ごとに出版されていて、有名大学の入試問題の傾向を分析し、それに対応する勉強方法を解説することをうたったもので、私はこれにずいぶんお世話になった。

「対策」はもちろん進学志望校の試験問題以外にも、今も頻繁に使われることばで、一般的にはなんらかの問題や事態に対して用意される方策を意味するが、しかしそれももともとは、古代中国の人事採用制度の中で使われた表現だった。

「対策」の「対」は「答える」という意味だが、問題は「策」という漢字であって、これは竹や木を削って作った短冊状の札（竹簡《ちっかん》・木簡《もっかん》）に文字を書き、それを並べてひもで綴じた文書のことだった。中国の戦国時代でのさまざまなエピソードを記した『戦国策《せんごくさく》』という書物がある。世間でしばしば誤解されているが、それは戦国の乱世を生きていく「方策」を書いた書物ではなく、単に「戦国時代の書物」という意味にすぎない。「策」とはそんな文書のことだったが、しかしその文書にさまざまな政策や方策が記されたことから「策」に「はかりごと」という意味が生まれ、やがてそちらが主流となった。

秦の始皇帝がはじめた中央集権ピラミッド型の官僚制度が定着するにつれて、国家の中枢部では行政を担当できる優秀な人材が大量に必要となった。その秦は短命におわったが、秦の制度をほぼそのまま受け継いだ漢では、地方長官から中央に推薦されてきた者を側近に取り立て、彼らに対して皇帝はしばしば国政に関わる重要事を諮問した。その時に彼らが下問に答えて見解を記して奏上した文書が「対策」なのである。

このようにまだ紙がなかった時代には竹や木の札に文字を書き、それを並べてひもで綴じた形から「冊」という漢字ができた。それを両手でうやうやしく上にささげ持った形が「典」であり、だから「典」には重要な書物という意味がある。

「対策」はもともと竹や木に書かれたが、やがて紙が広く使われるようになってからも、同様の内容を紙に記した文書をやはり「対策」とよんだ。この制度は日本にも早く伝わり、律令時代には官吏登用試験に「対策」が課せられた。「小論文試験」は非常に古い時代からあったのである。

「票」——火の粉がひらひら舞いあがる

二〇一七年十月十五日

私たちが使う漢字のうちの大多数は、「河」とか「論」などのように、左側にある《氵》や《言》などヘンの部分でおおまかな意味をあらわし、右側に置かれる要素で文字全体の発音をあらわしている。

漢字の成り立ちには古くから「六書《りくしょ》」とよばれる原則があって、そのうちこのような作り方を「形声《けいせい》」というのだが、形声文字の中にはときどき、発音をあらわすために右側に置かれる要素から共通の意味を導きだせる場合があって、よく知られている例では、「淺」（浅）、「錢」（銭）、「賤」（賎）、「棧」（桟）など、「戔《サン》」で発音をあらわす文字群には「小さい・わずか」という共通の意味がある。具体的に説明すれば、水深が小さいことが「淺」（浅）であり、通貨のうち小さい金額をあらわすものが「錢」（銭）、古代では財産のシンボルだった《貝》を少ししか持っていない者が「賤」（賎）、小さな木材を並べて作ったものが「棧」（桟）（桟橋・桟敷）、という具合である。

このデンでいけば、右側に「票《ヘウ》」を配置し、それで発音をあらわしている漢字のグループには、どうやら「ひらひら飛ぶ」とか「ふわふわただよう」という意味があるのではないかと考えられる。

「票」という漢字そのものは、古い字形では下が《示》でなく《火》となっていて、本来はなにかを燃やし、火の粉がひらひらと舞いあがることを意味する漢字だった。それがのちに意味が広がって、風を受けてふわふわと舞いあがる薄い木片や、紙に書かれた「書きつけ」という意味をあらわした。「伝票」とか「住民票」がまさにその意味なのだが、この《票》で発音をあらわされるグループを考えると、「漂」は「ものが水にふわふわとただよう」こと、「標」は「風に揺れる薄い木札をぶらさげた目じるし」という意味から「目標」ということばができた。「飄」は「さっと吹きわたる一陣のつむじ風」から「あてどなくさすらう」という意味をあらわしたので、「飄逸」とか「飄泊」と使われる。

外国でおこなわれる選挙のニュースを見ていると、まるでA4判くらいあるかと思えるほど大きな投票用紙を使っている国もあるようだが、日本の投票用紙は葉書よりも小さく、風が吹けば舞いあがるほどに薄い紙である。だが人々が投票にこめる熱い思いは、紙の大きさとは関係がない。「清き一票」は、人々が未来の幸福に託す証票なのである。

「与」党と「野」党

二〇一七年十月二十二日

「与」という漢字は「あたえる」という意味で使われるのが一般的だが、そのほかに「くみする」という訓読みもあって、その時には「ともに行動する」とか「仕事に参加する」という意味をあらわす。

「与」は旧字体では「與」と書かれたが、それが戦後の当用漢字で「与」と、似ても似つかぬ形とされたのは、「與」の字形の真ん中にある部分を取りだして、すこし形を変えた結果である。もともと「與」は《与》の形に描かれるものを載せた輿《こし》を四方から手でかつぎあげている形をあらわしており、中央の《与》の部分がなにを意味するかは諸説あるが、それがなんであるにせよ、ものを運ぶ際に何人かが協力してかつぎあげることから、仕事に「参加する、加勢する」という意味をあらわした。「関与」とか「参与」というのがその用例で、選挙の時期には耳にタコができるほど聞く「与党」も、「与」をその意味で使っている例である。総理大臣と国務大臣などを出し、内閣の運営に参加するから「与党」なのである。

「与党」に対して、内閣の枠外に位置する在野の政党が「野党」である。「野」は《里》と《予》の組みあわせだが、《予》は発音をあらわすだけで、意味としての重心は《里》の方にある。その《里》は《田》と《土》とからできているが、《土》とは大地の神を祭るために作られた盛り土をかたどった象形文字で、のちに《示》を加えて「社」と書かれるようになった。つまり《里》とは大地の神を祭る「社」（おやしろ）の周囲にある田んぼのことで、「野」もそれと同じ意味をあらわす漢字である。土地の神を祭る社は集落から遠く離れた所にあったから、それで「野」にも「遠いところ」という意味ができ、そこから「中心に位置していない」という意味で「在野」とか「外野」ということばができた。

いくつかの政党が独自の活動を展開する現今の政界では、野党の中にも与党とそれほど変わらない政策を訴える党もあるようで、知人に聞いた話では、そんな党のことを一部のネット上では「ゆ党」と表現しているらしい。

かな五十音表の「や」行では、「や」と「よ」の間に「ゆ」があるから、「や党」と「よ党」のあいだが「ゆ党」なのだそうだが、どんな漢字を書くかについては決まっていないらしい。まちがっても、ぬるま湯に入っている「湯党」ではあってほしくない。

平和な時代の「檄」

二〇一七年十月二十九日

　中国の文献によれば、むかし日本列島のどこかに邪馬台国という国があり、そこに卑弥呼という女王がいたという。その女王が大陸にあった魏《ぎ》という大国に使者を出したところ、なんと魏から答礼の使者がやってきて、卑弥呼に「国書」をくださった。これに大感激した卑弥呼は、使者の帰国に際して魏の皇帝への返書を託した、というのだが、さてこの卑弥呼からの返書は、いったいなにに書かれたのだろうか？

　卑弥呼の時代の中国には紙があったが、邪馬台国に紙があったとは思えない。文字を書く素材として、紙が普及する前によく使われたのは竹や木を削った竹簡《ちっかん》と木簡《もっかん》だが、それらは文字を書く目的で作られるものだから、文字を使っていない邪馬台国に竹簡や木簡があったとも思えない。邪馬台国については、ずいぶん長い時間にわたって、驚くほどに多様な論争が展開されているが、卑弥呼の手紙の素材についてはほとんど問題とされていないようだ。ちなみに私は、卑弥呼はおそらく布に手紙を書いたのだろうと考えている。

ところで木簡であれ竹簡であれ、実際にもっともよく使われた形は長さ二十三センチ前後（漢代の一尺）、幅一センチ前後の細長い短冊状のものだったが、しかし書かれる内容によってことなった形の木片が使われることも多かった。

毎年秋におこなわれるプロ野球の日本シリーズや、ワールドカップでの活躍が期待されるサッカーの試合では、ひいきのチームを声援する時に「がんばれ」という意味で「檄《げき》をとばす」というが、そのことばに見える「檄」も、もともとは木簡の一種であった。

前漢の歴史を記した『漢書』の「高帝紀」（漢の高祖の伝記）の一節に「吾れ羽檄《うげき》をもって天下の兵を徴す」という文章がある。兵士に召集をかける緊急軍事文書として「檄」が使われているのだが、その文章の注釈によれば、檄には二尺（約四十六センチ）の長さの簡が使われたという。またその先端に、送り先へ大至急届ける必要があることを示すために鳥の羽根がつけられた。それが先の文章に見える「羽檄」であるが、ただし遺跡からの発掘では、鳥の羽根をつけたものはまだ発見されていない。

「檄をとばす」のは、緊急の事態に際して危急を訴え、警戒をよびかける長い木簡を各地に迅速に届けることを指していた。しかし時代がかわり、野球場でひいきチームを応援する時には色とりどりの風船を飛ばすようになった。平和な時代がよろこばしい。

「藝」のない話

二〇一七年十一月五日

　儒学の経典、いわゆる「四書五経」によれば、古代中国の学校では国子《こくし》とよばれる貴族の子弟に「六藝《りくげい》」が教えられたという。「六藝」とは子どもたちが成長してエリートになった時にかならず身につけておかねばならない六種類の教養と技術のことで、具体的には「礼・楽・射・御《ぎょ》・書・数」（式典での作法・音楽・弓術・馬術・文字・算数）を指す。

　これらの科目の総称に「藝」という漢字をつけたのは、もともと「藝」が木や草の苗を地面に植えることを意味したことに由来する。甲骨文字など古い時代の漢字では、「藝」は植物の苗を手に持ち、それを地面に植えようとする形に描かれている。こうして土に苗を植えて花開かせるように、人の精神になにかを芽生えさせ、花開かせる教養科目をその字で表現したわけだ。心の中に豊かに実り、大きな収穫を得させてくれるものが「藝」だが、その代表はなんといっても学問であった。

「藝」はもともとこのような意味だったのだが、近代になって中国や日本が西洋の近代文明と接触しはじめ、英語のartということばが入ってきた時に、その訳語に「藝」が使われるようなって、「藝術」とか「工藝」ということばが作られた。「藝」という漢字字体は日本でも古くから使われたが、しかし十九画もある複雑な形で、覚えにくく書きにくいから、日本では早い時代から「藝」の上と下の部分を組みあわせてできる「芸」という形を、「藝」の略字として使っていた。この「芸」が、戦後にそれまでの「藝」にかわる規範的な字形とされた。

しかし「芸」はもともと「藝」とは別の漢字だった。「芸」（音読みはウン）は「香りのよい草」という意味で、この草が発する香りには防虫効果があって、古くは書物を保存する所にこの草を敷き詰めた。だからこそ日本最古の図書館である「芸亭」（奈良時代末期に石上《いそのかみ》宅嗣《のやかつぐ》が自宅に設置した書庫）の名前にこの字が使われているわけで、「芸亭」は「ウンテイ」と読まねばならない。

いっぽう本来の正字である「藝」は、文藝春秋や日本文藝家協会など、ごく一部の企業や組織でずっと信念を持って使われ続けたが、近ごろは電子機器を使えば「藝」のような難しい漢字も簡単に書けるから、「芸」しか習っていない世代がネットで発信する文章には「藝」が頻出する。歴史の皮肉といえる現象である。

《月》が「肉」を意味するのは？

二〇一七年十一月十二日

若い知人から焼き肉に連れて行けとせがまれ、よし、近いうちに行こう、と返事をしたら、いい方がぞんざいだったのか、婉曲な拒否とでも思われたのだろう、相手はなんと、立ち食いでもかまわないから、と食いさがる。「立ち食いの焼き肉？」と不思議に思って聞けば、最近は立ち食いの焼き肉屋が流行しているとのことで、いつでも気軽に肉が食べられて、代金もリーズナブルなので、若い世代には非常に人気があるらしい。後学のために、私も近いうちにでかけることとした。

私が育った関西では、「肉」といえば牛肉のことである。その証拠に、お好み焼き屋のメニューには「肉玉」と「豚玉」があり、「肉うどん」には牛肉が載っている。だが全国的に見れば「肉」が豚肉を意味する地域もあって、関西でいう「豚まん」は、コンビニの普及によって、全国的に「肉まん」とよばれている。

中国でも古代の食生活では豚のほか牛や羊、犬、鶏などの肉が食べられたが、今の中国語で「肉」といえば、通常は豚肉を指す。だから「回鍋肉」でも「青椒肉絲」でも「肉餅」（ミートパイ）でも、一般的に豚肉が使われる（ただし宗教的戒律や生活習慣などで豚肉を食べない人々の食事では、羊や牛などが使われる）。

現存最古の漢字である「甲骨文字」の中にも、切り取った動物の肉に筋目が走っているさまを描いていると考えられる文字があり、これが後に「肉」になるのだが、しかしこの字が他の字の構成要素になる時には《月》と書かれた。天体の「月」とは別字で、「胴」や「肌」の左にあるこの部首を、だから日本では「ニクヅキ」とよぶ。

「祭」という漢字はこの《月》（＝肉）と《又》（＝手）の下に《示》がある形で、《示》は空から下りてきた神が、地上にとどまる時によりどころとする小さな机である。つまり「祭」は、手に持った肉を地上に舞い降りた神にささげているさまをあらわす漢字である。

古代中国の祭祀では薪《まき》を積みあげた上で動物の肉を焼き、そのかぐわしい匂いを空に送って神さまを招いた。天空に向かって大きな声でよびかけても神さまには届かないので、バーベキューの匂いを空に送って、それで神さまを招いたというわけだ。

神さまも食いしん坊だったようだが、そんな祭りで使われた牛や豚・羊・犬などの肉の焼き方や調味料など、具体的な調理方法はまったくわからない。実に残念なことだ。

「菊」には訓読みがない

二〇一七年十一月十九日

菊が美しい季節となると、近くにある大きなスーパーでは、愛好家が丹精こめた大輪や懸崖などの見事な菊が、ホールにところ狭しと展示される。菊にはさまざまな品種があって、子どもの頭ほど大きなものから、親指の先ほど小さなものまであるし、花の色も驚くほどバラエティに富んでいる。一説によれば、品種数は九百を超えるという。

それではここで問題です。「桜」は音読みではオウ、「梅」はバイ、「竹」はチクと読みますが、では「菊」は音読みでは何と読みますか？　と聞かれたら、答えに窮する人が多いのではないだろうか？

正解は音読みがキクであり、「菊」には訓読みがない。もともとキクは中国から渡来してきた植物なので、渡来前にその花をあらわすことばが日本にはなく、植物とともに伝わってきた中国語をそのまま日本語に取り入れた。だからキクということばは、非常に早い時期に日本でできた外来語なのである。

菊は単なる美的観賞の対象にとどまらず、かつての中国医学では薬材としての効能もあるとされていた。菊の花を詰めた枕は頭痛に効果があると医学書に書かれているし、乾燥させた菊の花びらを入れた「菊花茶」は、目の神経の疲れを癒してくれる効能があるという。

さらに古くは、菊の花を食べると仙人になれるという考えがあった。

世俗的なまじわりを避け、田園地帯で閑静な生活を送った詩人として知られる陶淵明《とうえんめい》が詠んだ詩（「飲酒その五」）に、

菊を採る東籬《とうり》の下
悠然《ゆうぜん》として南山を見る

という有名な一節がある。

いおりの東にある垣根のもとにうずくまって菊を摘み、ふと目をあげれば、はるか遠くにそびえたつ南山の雄大な姿が目に入ってくる、と詩人は歌う。

隠者と菊の取りあわせは、まさに東洋的な風雅のおもむきを感じさせるものとして、この詩句は古くから親しまれてきた。しかしここで陶淵明が菊を摘んでいるのは、花瓶に活けて花を愛でようとしてのことではない。この菊は食用であり、彼は実は夕食のおかずとして、庭の菊を摘んでいたのである。そう考えれば、ちょっと幻滅かもしれない。

「酉」に鳥の意味はない

二〇一七年十一月二十六日

今では五千円札の肖像画に描かれる人物として有名な樋口一葉は、肺結核のために二十四歳の若さで逝去する三年前に、吉原遊郭の近くで荒物と駄菓子を売る店を開いた。そのころの暮らしを反映した名作『たけくらべ』の冒頭には、そこの住人たちが内職で熊手《くまで》を作っている情景が描かれ、「これはなにか」とたずねられた通りすがりの住人に、一葉は「霜月酉の日例の神社に欲深様《よくふかさま》のかつぎ給ふ、是れぞ熊手の下ごしらへ」と答えさせている。

病に倒れた日本武尊《やまとたけるのみこと》の魂が白鳥となって、葬られた遺体から飛びさったという伝説にちなんで各地に建てられた大鳥神社（また大鷲神社・鷲神社とも）では、十一月の酉《とり》の日に「酉の市」が立ち、たくさんの参詣客でにぎわうが、一葉が描いた熊手は、浅草にある鷲《おおとり》神社の「お酉さま」で、おおぜいの「欲深様」たちに販売される縁起ものである。

「酉」は十二支のトリで、酉の日は十二日に一度めぐってくるから、年によっては十一月中に酉の日が三回あることになる。かつては「三の酉」まである年は火事が多いといわれたが、もちろん迷信にすぎない。ちなみに二〇一七（平成十九）年はその「三の酉」まである年で、月末の十一月三十日が三の酉だった。

現代の日本でも生まれた年についてよく話題にされる干支《えと》は、十二種類のすべてが動物にあてられているが、このトリの日やトリ年は「酉」で書かれ、「鳥」を使わない。「子」から「亥」までの十二支の起源はよくわからないが、どうやら非常に古い時代に西アジアあたりから外来語として中国に伝わったようだ。だから子・丑・寅・卯などは外国語の発音を漢字であらわしたあて字にすぎず、実際の動物を意味する漢字は一つも使われていない。

トリのあて字である「酉」は、もともと酒壺をかたどった象形文字だった。この「酉」にサンズイヘンをつけると「酒」になるが、「酒」とは壺からしずくがポタポタと垂れている形をあらわした文字だった。

この「酉」は漢字の部首になると、《鳥》（とり）や《隹》（ふるとり）と区別するために「ひよみのとり」とよばれる。「ひよみ」は「日読み」、つまり暦のことだが、しかしこの《酉》がついている漢字には「酔」や「醸」（酒をかもす）、「酣」（宴がたけなわ）、「醒」（酔いがさめる）など、酒に関するものがたくさんある。

そういえば、三の酉のころは、そろそろ熱燗が恋しくなる季節でもある。

「莫大小」が読めますか？

二〇一七年十二月三日

雑学を問うテレビのクイズ番組に、漢字の難読語がしばしば出題される。先日見た番組では「莫大小」ということばが出題されていたが、解答席にいた若いタレントたちはだれも読めなかった。

かつては街中の工場や商店の名前などにこのことばがよく使われていたので、年配の方ならご存じだろうが、「莫大小」三文字で「メリヤス」と読む。メリヤスとは一本または数本の糸でループを次々に作る方法で編んだ布地のことで、今も靴下や肌着などに使われるが、いつの間にか「ニット」とよばれるようになり、「メリヤス」自体が死語となったから、その漢字表記「莫大小」を読める人がほとんどいなくなったのは当然かもしれない。

ニット製品（以下「メリヤス」と表記）最大の特徴は伸縮性と柔軟性に富んでいることで、絹や木綿の布で作ったものに比べれば、メリヤスの肌着は身体にぴったりフィットするから、ある程度はフリーサイズといえる。腰のまわりなどにたっぷりと脂肪をつけてしまったご婦人は、それまで愛用していた絹の肌着を捨てざるを得ないが、しかしメリヤスならある程度までのびるから、少々太っても別にどうということはない。つまりそれはLサイズもSサイズもなく、「大小の区別が莫《な》い」ものなのである。

ここで使われている「莫」は、漢文では「無」や「勿」などと同様に、「……なし」と訓じられる文字である。ご存じの「莫大」ということばも、本来は「それより大きいものはない」という意味であって、そこから「非常に大きい」ことをあらわした。

だが「莫」は、最初からそんな抽象的な意味をあらわすために作られた漢字ではなかった。この字は上と下に配置される《艸》（＝草）のあいだに《日》（＝太陽）を配置した形で、本来は草むらの中に太陽が沈むこと、つまり「夕暮れ」という時間をあらわしていた。

その夕暮れという意味のことばがたまたま「……なし」という意味の否定詞と同じ発音だったので、否定詞として使われるのがメインになり、そこで「莫」本来の意味を示すために、「莫」にさらに《日》をつけ加えた「暮」という文字が作られた。

だから「暮」には中央と下に《日》が二つあるという妙なことになっている。もしかしたら、ただでさえあわただしい日暮れや年の暮れに、もっともっと時間が欲しいという意識がそこに反映されたのかもしれない。

「師」とは軍隊のことだった

二〇一七年十二月十日

文化庁が「国民のことばについての意識を主として漢字を中心に調査し、今後の施策の参考とする」ことを目的として、一九九五（平成七）年度から毎年実施している「国語に関する世論調査」の結果が公表されているのをご存じだろうか。文化庁のホームページから見ることができるが、調査される項目は年によってことなり、コミュニケーションのありかたとか、社会や家庭における敬語などいくつかの領域にわたるが、そこにも時代が反映され、二〇一七（平成二十九）年の調査では「メールの書き方」が取りあげられていた。

この調査では毎回「新しい表現や慣用句等の意味・言い方」という項目が設けられ、いくつかの表現について「どちらの言い方を使うか」が調査される。その二〇一六年での調査では、「存続するか滅亡するかの重大な局面」について、「存亡の機」と「存亡の危機」のどちらを使うかという質問があり、公表された結果では、前者が六・六％であったのに対して、後者が八十三％と圧倒的に多かった。私自身も後者を使うから、結果に違和感はないが、しかしこれはどちらかがまちがったいい方、というわけではない。

「存亡の危機」も「存亡の機」も、おそらく三国志でおなじみの諸葛孔明《しょかつこうめい》が、宿敵魏との戦いに出陣する前に若き皇帝に奏上した「出師表《すいしのひょう》」に、世の中は三つに分かれ、わが国は疲弊していて「これ誠に危急存亡の秋《とき》なり」と述べるのに由来する。かつて名文中の名文とされたこの文章は、漢文の学習が学問の中心であった時代には、教育を受けた経験がある者のほとんどが暗唱できるほどに読んだから、「危急存亡の秋」という表現が社会のいたるところで使われていた。だがそれから時代が大きく変わり、今「出師表」を読むのは三国志の熱心なファンくらいで、かつての私の学生の一人は、この文章の標題を「シュッシの表」と読んで涼しい顔をしていた。さらに原文では「秋」を「とき」と訓読するこの表現が、今の世にほとんど使われないのはむろん時代の趨勢である。

ところでこの「出師表」という標題にある「師」とは軍隊のことで、古代中国では兵士二千五百人の集団を「師」とよんだ。かつての軍隊で使われ、今も自衛隊で使う「師団」ということばも「師」を「兵士」の意味に使っているが、この字は仏教界でも使われ、そこでは高徳の僧侶をあらわした。一説によれば、あわただしい歳末は僧侶まで走り回るから「師走」というそうだが、走り回るのが兵隊でなくて、ほんとうによかったと思う。

「甘」は究極の美味

二〇一七年十二月十七日

中国でちょっと高級な宴会に招かれた時、卓上に当日のメニューを書いたカードが置かれていて、その最後の方に、「八宝飯」という文字があった。日本人がこの三文字を見れば、おそらくだれしも「八宝菜」を連想するにちがいない。私もこの料理名を見たのははじめてだったので、「八宝飯」とはご飯の上に八宝菜をかけたもの、つまり日本でいう「中華どんぶり」のようなものが、宴のシメに出てくるのだろうなと考えていた。

しかし宴の最後に出てきた「八宝飯」は、中華どんぶりとは似ても似つかぬ、デザートの一種だった。もち米を使っているから「飯」という漢字がついているのだが、それは私がかつて口にした中でもっとも甘い「スイーツ」だった。

ネット上に八宝飯の作り方がいくつかアップされているが、私が見たものでは、八宝飯を作るにはまずもち米にハスの実やナツメ、干しアンズなどのドライフルーツ、それに梅の砂糖づけなどを混ぜこみ、さらに別に用意しておいたアズキの餡を中に包みこんで、それを強火で蒸す。これだけでもすでに十分甘いが、蒸しあがってから、さらに氷砂糖を溶かして作った蜜を上からたっぷりかけるという。まさにこれでもか、といわんばかりの甘さであることが、作り方からもおわかりいただけるだろう。

「甘」という字は、大きく開いた口の中に《一》（あるいは《丶》）が入っている形である。この字について、中国最古の文字学書『説文解字』は「美なり」、すなわち「おいしい」と意味を説明し、成り立ちについて、口の中にある《一》は宇宙を支配する摂理である「道」をかたどったものであるという。

口の中に「道」を味得できることが究極の美味であるとは、まるで食をさとりきった者の発言のようだが、実際においしいものを食べる時に、口の中にいちいち哲学などを宿していては面倒でしかたがない。それは現代人にとって面倒であるだけでなく、古代人にとってもきっと面倒であったにちがいない。

「甘」の中にある《一》は、実はなにかの食品が口に入っていることをあらわす記号にすぎない。この文字が作られた時代の人々の感覚では、口にものが入っているだけで「おいしい」と感じたのである。

飽食の時代ではなかなか理解できない考え方、といえるだろう。

「聖誕節」と「聖林」

二〇一七年十二月二十四日

仕事の関係もあって、私はインターネット上にある中国関係のサイトをよく見るが、そんなところではクリスマスが近づくと「聖誕節快樂！」というメッセージがとびかう。「メリークリスマス！」を中国語ではこのように表現するのだが、キリストという聖人が地上に降誕したという日を「聖誕節」と漢字で表記するのは、まことにわかりやすい翻訳である。

だがそれなら、同じく漢字で「聖林」と書かれる外国の地名があるのだが、それはどこかと聞かれて即座に答えられる人はそんなに多くないだろう。

聖林は、ハリウッドを漢字で書く時にかつて使われた表記である。今は映画の都として世界的に有名なハリウッドだが、その街が人々に知られるようになるのは二十世紀初頭のことで、はじめ中国語圏ではその地名をどう表記するか、定まった書き方が存在しなかった。そんな折りにだれかが「聖林」と書いたのが、一部の社会で広まったようだ。ちなみに今の中国語ではハリウッドを「好萊塢」と書き、「聖林」と書いても中国人には通じない。

そもそもハリウッドを「聖林」とするのは誤訳である。原語 Hollywood の前半にある holly とは、アメリカヒイラギとよばれる常緑小高木のことなのだが、だれかがそれを holy、つまり「神聖な」という意味のことばと混同し、「聖」という字で訳したらしい。だがハリウッドは映画の都であって、別に聖者が林のようにたくさん暮らしている街ではない。

今の「聖」は《耳》と《口》と《王》でできているが、古い字形では下の部分が背伸びをしている人の形に描かれる。「聖」は、神が語るお告げを、背伸びしながら耳をそばだてて聞き取ろうとする人のことで、もともとは神のお告げを聞き取れる人が「聖人」だった。

そこから意味が変化して、やがて「聖」が知徳のすぐれた完全な人格をあらわすようになった。これを日本語で「ひじり」と訓読みするのは、「日知り」すなわち太陽を中心とする季節の推移に精通し、宇宙を支配する時間を予知する人のことだという。

歳末になると、「聖《きよ》しこの夜」のメロディとともに、カップルのためのイベントが街にあふれるが、そこに経済最優先の原理がはびこっていることに、私はしらけてしまう。経済の発展につながることは大切だが、カネさえ使えば愛が通じると考えるのは悲しい風潮だ。「聖らかな夜」であればこそ、心を通じあわせて来し方を振りかえり、心に響いてくる声に静かに耳を傾けたいものだ。

南に逃げても「敗北」

二〇一七年十二月三十一日

テレビのニュースや新聞記事で取りあげられるから、今では歳末の風物詩としてすっかり定着した感のある「今年の漢字」に、二〇一七（平成二十九）年は「北」が選ばれた。

これは（公益財団法人）日本漢字能力検定協会がおこなっている事業で、それぞれの年にあった出来事や話題にまつわる、もっとも象徴的な漢字一字を一般から募り、十二月十二日（「いい字一字」の語呂あわせで、「漢字の日」と漢検協会が決めたそうだ）に京都・清水寺で、同寺のトップである貫主の揮毫によって発表される。

一九九五（平成七）年にはじまったイベントだからすでに二十年以上もの歴史があって、これまでさまざまな漢字が選ばれてきた。「チェンジ」をあいことばにしたオバマ氏がアメリカ大統領に当選した二〇〇八（平成二十）年には「変」が、東日本大震災があった二〇一一年には「絆」が、ロンドンで開かれたオリンピックで日本選手が多くの金メダルを取り、またiPS細胞の研究で山中伸弥教授がノーベル賞を受賞した二〇一二年には、「金」という漢字が選ばれた。

漢字はそれぞれの文字が意味を持っている表意文字なので、こういうことができる。個別の文字に意味がそなわらない表音文字にはできない芸当で、「今年のローマ字は『K』に決まった」などといわれても、なんのことかとポカンとするだけである。

さて二〇一七年の漢字として「北」が選ばれたのは、国際的な非難を無視してなんどもミサイルを発射したり、核実験を繰りかえした国の名前に由来するのだが、しかし新聞記事によれば、それ以外にも北海道日本ハムファイターズのスター選手や、九州北部豪雨が世間で大きな話題になったことも選択の背景にあるという。

「北」は二人の人が背中を向けあっている形を示し、もともとはその形から「背中」あるいは「背を向ける」ことを意味する漢字であった。それが方角名として使われるようになったのは、人が太陽の方を向いた時に背中のある方角が「きた」になるからで、やがてこの字がもっぱら方角の意味に使われたので、あらためて《北》の下に肉体をあらわす《月》（ニクヅキ）をつけて、本来の意味をあらわした。それが「背」という漢字である。

ちなみに戦いに負けて敗走する時に、東や南に逃げても「敗北」というのは、敵に背中を向けて逃げるからにほかならない。

あけまして「恭喜發財」

二〇一八年一月七日

クリスマスがすんでほどなく正月が来るから、年末年始の時期にはすっかり遊び癖がついてしまう。だから新年になり、会社や学校がはじまってても正月気分がなかなかぬけない人もいるが、それでもだいたい十日をすぎたころくらいから、ようやく平常状態にもどる。

しかし中国や韓国など旧暦で祝うアジアの正月はそれからが本番だ。

日本より格段に派手な中国の正月では、住宅や商店・役所などの門の両脇に、縁起のいいことばを書いた赤い紙が貼りだされる。腕に自信のある人は自分で考えた語句をあざやかに揮毫し、文字を書く自信などまったくない人は、既製品を買ってくる。歳末になると街角に屋台が出て、めでたい語句を金文字で印刷した赤い紙が大量に売りだされるのである。

この既製品に書かれる、もっともポピュラーな語句の一つに、「恭喜發財」（「發」は「発」の旧字体）がある。「恭喜」は「めでたいことを祝う」意味、「發財」とは財産を築いて金持ちになることをいう。

ある時、中国で宴会に招かれたら、もずくのように黒くて細いものが入ったスープが出てきた。中国にももずくがあるのか、それにしても中華料理にもずくは変だなと思ってたずねると、それは内陸の乾燥地でできる藻の一種で、人間の頭髪に似ていることから、「髪菜」という名前の野菜だと教わった。

頭髪がスープに入っているように見えるのはちょっとグロテスクな感じだが、なかなかの珍味であったし、タンパク質やミネラルが豊富に含まれているので、血圧を下げたり、コレステロールを溶かしたりする効能もあるらしい。宴席の主催者の話では高級料理の「薬膳」に使われる食材だとのことで、暗にこの宴会は高級なのだよ、とにおわされたような感じもしたが、もちろん文句をつけるすじあいなど私にはまったくなかった。

この食材は、「髪菜《ファーツァイ》」という名前を中国語で発音すると「金持ちになる」ことをいう「發《ファー》財《ツァイ》」と非常に近い発音になることから、非常に縁起のよい食品とされる。要するに日本で「鯛《たい》はめでたい」とのだじゃれから、慶事や吉事での魚にタイを使うのと同様の縁起かつぎである。そんな説明を聞きながら、その宴席では何人もの人から「この『髪菜』を食べると貴殿もすぐに『發財』するよ」といわれたものだが、しかしいつまでたっても「發財」しないから、結局は単なるだじゃれにすぎず、効能はあまり期待できないようだ。

今は昔の「曲学阿世」

二〇一八年一月十四日

高校生のころ、なにかの本を読んでいて「曲学阿世《きょくがくあせい》の徒」ということばに出あった。あらずもがなの注釈をつければ、「曲学」とは学問を正しくない方向にねじまげること、「阿世」は世の中に迎合して、大衆にこびへつらうことをいう。

「阿」は私の姓にある漢字で、私は自己紹介する時に「アは阿呆のアです」とふざけることもあるが、日本語では「阿部」「阿川」あるいは「阿倍野」「阿波」など、ほぼ人名か地名に使われる固有名詞専用の漢字である。魯迅の『阿Q正伝』という小説のタイトルにある「阿Q」はQさんという意味で、南方の中国語では「〜さん」とか「◎◎ちゃん」という親しみをこめた接頭語で使うが、日本語にこの使い方はない。

そんな「阿」という漢字が「阿世」のように動詞として使われているのを見たのは、おそらくその時がはじめてだった。私は大発見をした気になり、その日の夕食の席でさっそく「『阿』には『おもねる』という意味があるんやなぁ」と話したところ、父と兄の機嫌がみるみる悪くなった。父も兄も、わが家の姓にある漢字にそのような「ろくでもない」意味があるとまくし立てる私を非難し、「そんなのはどこかの無学なヤツが思いついた誤用や」とあっさり切り捨てた。私はそそくさと食事をすませて、部屋にこもるしかなかった。

中国最古の文字学書『説文解字』によれば、「阿」は大きな丘のことだが、「阿諛追従《あゆついしょう》」（相手に気に入られようとこびへつらうこと）ということばにあるように、「阿」を「おもねる」という意味で使うことも古くからあって、それは「無学なヤツが思いついた誤用」では決してない。

「曲学阿世」は『史記』の「儒林伝《じゅりんでん》」（著名な学者たちの伝記）に見え、ある老学者がまだ若い学徒に「くれぐれも学問の真理を曲げ、世間に迎合することなどないように」といましめた表現であるが、日本では戦後の講和のあり方をめぐって、アメリカとの単独講和を進める吉田茂首相が、中ソ陣営を含んだすべての交戦国との講和であるべきだとする南原繁《なんばらしげる》東大総長を評して「曲学阿世の徒」とよんだことから有名になった。吉田茂など当時の政治家たちは、「暴言」に類することばで論敵や政敵と丁々発止のやりとりをしているが、そこに外国語をカタカナにおきかえただけの安易な「外来語」はまったく出てこない。ある意味では非常に「学のある時代」だったというべきだろう。

「膾炙」――ふたつの肉料理

二〇一八年一月二十一日

今の日本人にもっとも好まれるポピュラーな肉料理が焼き肉やビーフステーキであるように、古代の肉食でも最初におこなわれたのは肉を直火《じかび》で焼いて食べる方法で、それを漢字では「炙《シャ》」であらわした。「炙」は上に《月》（ニクヅキ）、下に《火》があり、まさに火の上に肉をかざした、そのものずばりの構造の漢字である。

しかし今の日本語では、この漢字はおそらく「人口に膾炙《かいしゃ》する」という成語に使われるだけだろう。これは『孟子』（尽心《じんしん》下）に見える表現で、「膾《カイ》」は「なます」と読み、細切りした生の肉のことだから、「膾炙」とは要するに肉の刺身と焼き肉のことである。肉食禁止の習慣がなかった中国では、「膾」や「炙」はいつでも人々が好む美味な料理の代表だったから、そこから、だれかのすばらしい行動やすぐれた詩文などが多くの人にたたえられ、世間に広く知れわたることを「人口に膾炙する」というようになった。

肉は火で焼くほかに、新鮮なものを生で食べることもあった。儒学での礼の基本理念を述べた『礼記《らいき》』という経典に、家庭内でのマナーやしつけを述べた「内則《だいそく》」という篇があって、そこに「肉の腥《なま》にして細き者を膾《なます》と為す」とある。膾の肉は細く糸切りするのが普通だった。人間社会でのマナーの徹底を主張した孔子は、食事に関してもかなりうるさかったようで、『論語』（郷党篇）に「膾は細きを厭《いと》わず」とある。どんなに細くてもかまわない、ということだから、膾はできるだけ細く切ったものがよいとされていたようだ。

今の中国では生肉を食べることはほとんどないが、韓国にはスジ切りにした生の牛肉を油と香辛料で調味し、さらに生卵を加えた料理がある。焼き肉屋さんでおなじみの「ユッケ」だが、朝鮮語の「ユッケ」（육회）を漢字で書くと「肉膾」となる。

この「膾」を使った成語でよく使われるものにもう一つ、「羹《あつもの》に懲《こ》りて膾を吹く」がある。「羹」は肉や野菜を煮こんだスープで、「あつもの」と訓読する。そんな熱いスープをすすって口にやけどをした人が、それに懲りて、膾のように冷たい料理をわざわざ吹いて、さましてから食べようとする、つまり一度の失敗に懲りて、それ以後はばかばかしいまでの注意をすることをこのようにいう。

これは食べるものについての格言だが、現実の社会では、食生活よりもむしろ異性とのおつきあいにおいて、なかなか「羹」での失敗に懲りず、何度もやけどする人が多いようだ。

万物をよろこばせる「雪」

二〇一八年一月二十八日

車のラジオから「早春賦」(作詞吉丸一昌、作曲中田章)という曲が流れてきた。

なんとなく『知床旅情』を思いだすメロディからはじまり、「春は名のみの、風の寒さや」と歌いだすこの歌は、四季の色彩と変化に富む日本に暮らす人々の、心の琴線に訴えかける美しい抒情性にあふれていて、知りあいの放送関係者から聞いた話では、特に一月末から二月にかけて、リスナーからのリクエストがたくさん寄せられるそうだ。

早春にも雪は降る。「雪」という漢字には、天候をあらわす《雨》の下に、カタカナの《ヨ》のように見える要素がある。これは鳥の羽根を描いたもので、凍った水滴が上空から、まるで鳥の羽根のように舞い落ちてくるさまをあらわしていると考えられる。

世間には漢字の書き方に過度にこまかくこだわる人がいて、この《ヨ》の真ん中の横線が右に突き出てはいけないとか、逆に突き抜けないといけないといわれることがある。しかしこれまでの中国や日本で書かれてきた「雪」の字形を調べると、どちらも同じくらいあって、どちらが正しいと決められるものではない。それが「当用漢字表」にある漢字の印刷形を定めた「当用漢字字体表」では突き抜けない形になったので今は《ヨ》の形に印刷されるが、しかしそれも単にデザインのちがいにすぎない。

空から雪が舞い落ちる形は美しいもので、童謡「雪」でも、雪が降るとイヌはよろこんで庭を駆けまわることになっている。かつてわが家にいた小さなイヌも雪が好きで、チラチラ舞いだすと興奮し、そわそわしていた。雪には生物を感動させる美しさがあるようだ。

これまでなんどか引きあいに出した、中国最古の文字学書『説文解字』は、「雪」という漢字を「冰《こおり》の雨なり、物を説《よろ》ばせる者なり」と解釈している。この「説」は「悦」（よろこぶ）という意味で使われているのだが、それは「説」と「悦」はどちらも右側の《兌《エツ》》という要素で全体の発音をあらわしており、音読みで「説」はセツ、「悦」はエツと読むことからもわかるように、二つの漢字はもともと非常によく似た発音だったからである。

中国の古い文献ではこのように、ある漢字をそれと同じか、または非常に近い発音の漢字におきかえて解釈することがよくあって、『説文解字』も「雪」を「説」におきかえ、それをさらに「悦」におきかえて解釈する。雪とは万物をよろこばせるものであるという解釈は、童謡を思い出させて、なんとなくほほえましい感じがするものだ。

「霍乱」——中国語では怖い病気

二〇一八年二月四日

私が大学院にいたころはまだ日本と中国のあいだに留学生の相互受け入れ制度がなく、特別な場合をのぞいて、日本から中国へ留学はできず、逆に中国からの留学生も日本の大学にはほとんどいなかった。だがそれでも香港や台湾からの留学生はたくさん学んでいて、私たちの研究室にも、香港からの留学生L君がいた。

L君は当時非常に人気があったキャンディーズの大ファンで、特に土曜日の夜は、キャンディーズが出演するザ・ドリフターズの人気番組を見ることを無上の楽しみにしていた。

L君は酒が強く、食べることも大好きだったから、飲み会の常連メンバーだったのだが、ある時飲み会がたまたま土曜日に開催されることとなった。彼はかなり迷ったあげく、やはりキャンディーズを見るために参加を見送った。学生の下宿に留守番録画ができるビデオデッキがあるなど、まったく考えられなかった時代の話である。

翌週の月曜日に「土曜日は盛りあがりましたか？」とたずねるL君に、仲間の一人が「いやぁ、今回はいつも大騒ぎするやつが不参加だったから、妙に静かだった」と告げ、L君は驚いて私の方を振りかえり、「どうしたの?」とたずねた。それは私のことだったのである。

彼の問いに対して「いやちょっと風邪をひいたので大事をとっただけ。でももう大丈夫、まぁ『鬼の霍乱《かくらん》』というやつかな」と答えると、彼は「オニノカクラン」ということばがわからない。それで漢字で「鬼の霍乱」と書いて見せると、L君の顔色がたちどころにかわった。「そんな……、重病だし、大学なんか来てたらダメじゃないか!」ときつい口調で私をたしなめる。重病だなんて、とんでもない、クスリ飲んで寝てたらもう治ったよと答える私をにらみつけながら、「霍乱はクスリなんかでは治らないよ!」となおも強くいう。

話がどうも食いちがうので、近くにいた友人が辞書を引き、ようやく誤解がとけた。「霍乱」は中国語では「コレラ」という意味だったのである。

「鬼の霍乱」とは、ふだんは元気そのもので、病気などしそうもない者がたまたま病気になったことをいうが、その「霍乱」は、日本の漢方医学では日射病や暑気あたり、あるいは夏風邪などの症状を指し、決して重大な事態にいたる重病ではない。飲み会に参加しなかった私の「霍乱」を、中国語の意味で「コレラ」と理解したL君があわてたのは当然だった。

則天武后が作った「圀」

二〇一八年二月十一日

過去の中国では、漢字ははるか古代、理想的な世の中が現出されていた時代に高徳の聖人が作った神聖なものと考えられていたから、漢字が書かれた紙を棄てることさえ、厳につつしまなければならなかった。ところがそんな漢字の権威を借りて、大胆にも自己の神聖化をくわだてた人物がいた。中国史上唯一の女帝となった則天武后である。

則天武后、本名武照《ぶしょう》は、唐の第二代皇帝太宗の後宮に入り、太宗没後は後を継いだ高宗の後宮に入ったが、高宗が病弱で、政治を家臣に委ねることが多かったのにつけこんで国政の実権を握り、高宗が没してからあとついに帝位につき、みずからの王朝「周」（彼女の姓を冠して「武周」という）を開いた。

皇帝となり、新しい王朝まで開いたことにまいあがった則天武后は、あろうことか、聖人をきどって、独自の新しい文字を作成するという事業をおこなった。こうして作られた文字を「則天文字」という。

則天武后がいったいどのような文字をいくつくらい作ったのか、その正確なことははっきりとはわからないが、彼女が作らせた文字の一つに「圀」がある。

この字が作られた経緯について、明代の字書『正字通』には次のような話を載せる。

ある時、家臣の一人が上奏文を提出し、「國」（「国」の旧字体）という字は《囗》と《或》からできているが、《或》は「惑」（まどう）に通じるので、「國」はさまざまな現象を惑乱するという意味になる。そこでこの際、《或》のかわりに陛下の姓である《武》を入れるように改められるがよろしかろう、と述べた。国の中心に則天武后が位置している形を示す文字を作れというのであり、いうまでもなく彼女の権力に媚びた発言だが、彼女はその提案に大よろこびし、早速「國」のかわりに《囗》と《武》を組みあわせた文字を作らせた。

しかしほどなく別の者が、その字は人が牢屋に閉じこめられている「囚」と同じ構造で、縁起が悪いと上奏した。武后は驚いてその字を廃止し、そのかわりに《囗》の中に世界全体をあらわす「八方」ということばを入れた文字を作らせた。

こうして作られた「圀」が、それから一千年ほどのちの日本で、徳川光圀《みつくに》の名前に使われた。彼がやがてのちにテレビの人気時代劇の主人公になったからだろう、今では「圀」がパソコンで表示できる唯一の則天文字になっている。

カネで納めても「税」

二〇一八年二月十八日

所得税の確定申告の季節になると、テレビのニュースでは、映画俳優やタレントが税務署を訪れ、窓口で申告書を提出している光景が流される。彼らは実ににこやかに税金を申告しておられるように見えるが、あれははたして本心なのだろうか、タレントさんも気の毒なものだなぁ……と、この季節になると私はいつもいじましい考えをおこしてしまう。

給与所得の他に原稿料や印税などこまごまとした雑所得があるから、私も確定申告をしなければならないが、これが文学部卒業の者にはなかなかやっかいな作業なのである。税理士さんを頼むほどの額でもないから、これまでなんとか自分で申告書を書いてきた。最近はオンラインで申告できるようになったから、表計算ソフトを活用し、パソコンに金額を打ちこむだけで、たちどころに税額が計算できる。ずいぶん楽になったとは思うが、それでもなお、税額を計算するのは楽しいことではない。私ですらそうなのだから、二〇〇四（平成十六）年度分の申告まで報道されていた長者番付（高額納税者公示制度）に載るような、何億円も税金を納める人たちには、きっと庶民にはわからない思いと苦労があったことだろう。

納税が国民の義務であることは重々承知しているが、しかし必ずしも必要ではないと思われる事業に大量の血税がつぎこまれる使途を見ると、善良なる納税者でいつづけることがいささか馬鹿らしくなるのも事実である。

「税」は、意味をあらわす《禾》と、発音をあらわす《兌》の組みあわせで、《禾》はイネなど穀物の総称として使われる文字である。ノギヘンとよばれるこの要素がついていることからもわかるように、「税」とはもともと穀物による物納のことだった。

日本では奈良時代から税制が整備され、人数や戸数、土地の広さによって課税し、穀物または布で納めさせた。それ以後江戸時代まで、税金は基本的に年貢としてのコメを納付したが、農作物は年によっては凶作になり、歳入が安定しないという課題があった。

その問題点をクリアしたのが一八七三（明治六）年の地租改正で、その時にはじめてカネで、地価の三％を税として納めさせた。こうして米などから貨幣で納める形式に変わったが、しかしそれでも漢字は穀物納入時代の「税」をそのまま使っている。

もしカネで納めるのだからと《禾》を《金》におきかえれば、「税」が「鋭」になる。納「税」したあとも、使途を「鋭」く監視しなければならない、ということなのだろうか。

悪女かぐや姫は「子安貝」をほしがる

二〇一八年二月二十五日

惚れた女が望むなら、少々の無理をしてでもなんとかかなえてやりたいと男なら思う。私だってそんな状況になったら、もちろんそうするだろう。しかしその希望が絶対に実現不可能なものなら、そんな要求などいっさい相手にするべきでない。ただそのことが頭ではわかっていても、なかなか実行できないものだから、世間には悲劇がつきない。

世にかぐや姫ほどの悪女はいない。まさか月世界から来た女だなどとは夢にも思わないから、貴族たちがいつもの調子で気軽に（？）求婚したところ、かぐや姫はなんと、「白銀を根とし、黄金を茎とし、白玉を実としてたてる木」を一枝折ってこいとか、「龍の首の五色に光る玉」がほしいとか、実に無茶苦茶な要求を出す。それでも男たちはめげず、こっそりと偽物を作ったり、荒波に舟を出して死にかけたりする。『竹取物語』のこの一節を読むたびに、私には男という生き物がどうしようもなく悲しく感じられてしまう。

このかぐや姫が出す無理難題の一つに、「燕《つばくらめ》のもたる子安貝《こやすがい》」というものがある。子安貝は熱帯から亜熱帯の海に生息するタカラガイのことで、姫はさらに、燕の巣の中にあるそれがほしいという。そんな無茶をいう女とは、さっさと縁を切るのが正解だ。

平安時代の日本人は、子安貝などおそらく見たこともなかっただろう。だが見たこともない貝の名前が、なぜ物語の中に登場するのか。それはおそらく中国からの伝承であるにちがいない。

各地の遺跡で見つかる貝塚が示すように、貝は古代では重要な水産資源だったが、同時にまた財産の象徴としても使われた。だからこそ「財」や「貴」「貧」「賤」「貯」など《貝》によって意味をあたえられる漢字には、金銭や地位・身分などに関係するものが多いのである。しかし貝ならなんでもよかったわけではない。近くの川や池、あるいは浜辺でたやすく手に入る貝が財産のシンボルとなるのなら、だれだってすぐに大金持ちになれる。しかし古代中国で財産として使われた子安貝は、はるか数千キロ離れた八重山諸島や香港、あるいはベトナムあたりで採れたものが黄河流域にまで運ばれた、貴重品中の貴重品だった。

河南省安陽市郊外から発見された殷時代の墓からは、七千枚近い大量の子安貝が出土した。当時の王は子安貝を入手するルートを持っていた。もしかぐや姫が殷時代の中国に降臨していたならば、地上人の妻となるはめになっていたかもしれないのである。

「桃」の不思議な霊力

二〇一八年三月四日

現実には存在しない理想郷を「ユートピア」というのは、イギリスの思想家トマス・モアが十六世紀初頭に出版した著作の名前にもとづいているが、世界のどこかに理想的な場所があると考えたのは、別にトマス・モアだけではない。イギリスの作家ジェームス・ヒルトンの冒険小説『失われた地平線』（一九三三年刊行）は「シャングリ・ラ」という理想郷が舞台となっているし、日本でも昔から「桃源郷」の話がよく語られてきた。

むかし武陵《ぶりょう》というところにいた漁師が、漁をしながら川をさかのぼっていると、いつの間にか両側に桃の木がうっそうと茂る林までやってきた。咲きみだれる桃の花の美しさに漁師は漁も忘れ、そのままどんどん進んでいくと、やがてぽっかりと谷が開けて、そこに小さな村があった。

見れば村人の服装はずいぶん奇妙で、家や道具も見たこともない、風変わりなものばかりであった。不思議に思った漁師がたずねてみると、そこはなんと、はるか昔に秦の始皇帝の暴政から逃れてきて、人里離れた山奥に隠れ住んだ人々の子孫が暮らす村だった。村人たちは今の世の中ではだれが王で、どうなっているかをまったく知らなかったが、しかしそこではまことに静かで、平和な生活が営まれていた。

村にしばらく滞在したあと漁師は家に帰ったが、村のことが忘れられず、もう一度訪ねてみようとした。だが同じ道をたどっていっても、村はついに、二度と見つからなかったという（『捜神後記』所収「桃花源記」による）。

理想的な生活環境のことを「桃源郷」とよぶのは上の話に由来する。この人里離れた理想郷にいたる道は、桃の木がうっそうと茂る林からはじまっているが、それが松や梅の林ではなく、桃林の奥にあったのは偶然ではない。というのは、中国では桃は邪悪な悪霊を追いはらうことができる神秘的な植物だと信じられてきたからで、桃は樹木も果実も、いろいろなまじないに使われた。

古代の長江流域での風俗や年中行事を記した『荊楚歳時記《けいそさいじき》』という書物によれば、旧暦の元旦には桃の木で作った縦長の板に縁起のよい語句や神像を描いて門に掛け、悪魔除けとした。今の中国の正月で、大きな赤い紙に縁起の良い語句を書いて門の両側などに貼る「春《しゅん》聯《れん》」は、その名残であるという。

「牛耳」で誓った血の結束

二〇一八年三月十一日

政治のニュースを見ていると、時々わけがわからなくなってしまう。△△という代議士は先日まで◎◎党の議員だったのにいつの間にか□□党の議員としてニュースに登場している。あるいは、ついこの間まで大きな勢力だった☆☆党が※※党と合流し、その過程であらたに##党という政党が誕生したらしい……。

一部の政治家の中には、自分の議席さえ維持できれば信念や公約などはたちどころにひるがえし、さっさと次のバスに乗り換えられるという、常人にはまねのできない独特の素質があるようだ。海千山千の猛者がわんさといる中をたくみに泳ぎわたっていける能力がないと、あの世界では生きていけないにちがいない。

権謀術数がうずまく政治の世界を、マスコミはしばしば戦国時代にたとえるが、戦国時代の領主たちには、自国の領土と国民の暮らしを守ろうとする、誠実で確固たる信念があった。自分のことしか考えていない一部の政治家などといっしょにされたらとんでもない迷惑だと、彼らはあの世で腹を立てていることだろう。

大小さまざまな国が攻防を繰りかえした戦乱状態にあった中国の春秋戦国時代（前七七〇―前二二一年）では、各地の王が覇者《はしゃ》の地位を求めて内政と外交に努力したが、その活動の中で彼らはしばしば近隣の諸国と同盟を結び、結束を固めた。王たちが集まって同盟を締結することを会盟《かいめい》といい、そこで誓われた内容を石や玉に書いたものを盟書《めいしょ》という。『周礼《しゅらい》』などの文献が記すところでは、同盟を結ぶ時にはまず盟書を読みあげて内容を確認し、次に神にささげる牛の耳にナイフを入れて生き血を取り、それを参加者全員が唇に塗って、盟主のもとに団結し、裏切らないことを誓いあった。

ある団体や組織の中で主導権を握って行動することを「牛耳を執《ぎゅうじと》る」、またそれを縮めて「牛耳る」というのは、この時の同盟の主催者が、生けにえにする牛の耳をつかんで会場に入り、みずから牛の耳に刃物をあてて生き血を取ったことに由来する表現である。

こうして「血の結束」を誓ったあと、牛を地中に埋め、その上に盟書を置いて土をかけた。地中に生けにえと盟書を埋めたのは、記録された内容を神に誓うという意味があったからである。

永田町や霞が関界隈でも、ぜひ敬虔に「盟書」を埋めてもらいたいものだ。

「一字千金」とはたいした自信だ

二〇一八年三月十八日

大学院の学生たちを集めて読書会を開いていた時、ある文献の中に「不刊之典」ということばがでてきた。また「不刊の書」ともいい、これは中国の古典を扱う者には常識といってもいいことばなのだが、輪読の当番にあたっていた院生は、これを「出版されない書物」と訳して失笑を買った。

私たちは「刊」をふつう「出版」という意味で使うが、「刊」はもともと「木を削る」という意味で、だから刀をあらわす《刂》（リットウ）がこの字にはついている（左にある《干》は発音をあらわす要素）。それが「出版」という意味で使われるのは、昔の印刷がほとんど木版印刷で、版木の表面を削って文字を彫りこんだからにほかならない。

「不刊之典」の「刊」も「削る」という意味だから「不刊」は「削らない」という意味だが、これは木版印刷による出版がはじまる前からある表現で（前漢末期の揚雄《ようゆう》の文章に見える）、「どこにも修正すべき箇所がなく、永遠に伝えるべき書物」という意味である。

現在の考古学の成果から考えれば、中国で紙が発明されたのはだいたい紀元前一〇〇年前後のことと考えられるが、漢字はその一千年以上も前から使われていた。つまり紙が登場するはるか前から、漢字は紙以外の素材に書かれていたわけで、その中でもっともよく使われたのが竹や木を短冊状に削った札だった。

竹や木の札に文字を書けば、もし書きまちがえればそれを訂正するのはなかなか難しい。紙ならば、私たちが消しゴムを使うように、まちがった文字の上に硫黄《いおう》や胡粉《ごふん》を塗って修正できるが、竹や木ではそうはいかない。そんな時は、書きまちがえた部分をナイフで削り落とし、その上からあらためて文字を書くしか方法がなかった。だから古代の書記たちは、竹や木を削るためのナイフ（「書刀《しょとう》」という）を常に腰にぶらさげていた。

書記たちは文字を訂正するためのナイフを常に携行していた。しかし世の中には名文家を自負するものもいる。秦の大商人であった呂不韋《りょふい》は、みずから編集した『呂氏春秋』という書物を都の入口にある門に置き、「よく一字を増損する者あらば千金をあたえん」との掲示を出したという。これから「一字千金」という成語ができたが、それにしてもたいした自信である。毎週この短文を四苦八苦しながら書いている私から見れば、そんなことをいえるのはよほどのうぬぼれか、あるいはハッタリとしか思えない。

「食指」の恨みはおそろしい

二〇一八年三月二十五日

人差し指のことをまた「食指」というのは、目の前にある壺に入っているのは塩か砂糖か、と味を確認する時に使う指だからとのことだが、むかし生まれつきグルメの天分を持っていた男がいて、なにかおいしいものにありつける予感がした時に、その人差し指＝食指が勝手にピクピクと動いたという。

話は中国の春秋戦国時代でのさまざまなエピソードを記した『春秋左氏伝』（宣公四年）という文献に見える。

西暦では紀元前六〇五年のこと、鄭《てい》の霊公《れいこう》という殿様のところに大きなスッポンが献上された。スッポンは当時から美味にして高級な食材として珍重されており、王侯貴族とはいえ、そうそういつでも食べられるものではなかった。

その鄭の国に宋《そう》という名前の若君がいて、ある日宮殿に参内するため家を出ようとすると、人差し指がひとりでにピクピクと動いた。そこで若君は「私の指がこうなると、いつも珍味が味わえるのだよ。今日は御殿できっとおいしい料理にありつけるにちがいない」と、いっしょに参内する家《か》という若君に語り、二人がそのまま宮殿に行くと、案の定、大きなスッポンが料理されていた。

さぁ食事という段になって、宋が家と顔を見あわせて笑っているのを不思議に思った殿様がわけをたずねたところ、宋は実はかくかくしかじかで、と食指が動いた話を申しあげた。するとと殿様は、彼のそんな素質を不愉快に感じたのか、あるいはちょっと意地悪をしてやろうと思ったのか、他の者にはスッポンを賞味させておきながら、彼にだけはスッポンを口にさせなかった。

目の前にご馳走があるのに、自分にだけはあたえられなかったことに腹をたてた宋は、腹立ちのあまりスッポンを煮た鍋に指をつっこみ、指をペロッとなめると、さっさと退出してしまった。

その無礼きわまる態度に、殿様は宋を処罰するといきまいたが、宋の方も黙っておらず、スッポン料理に同席していた家をくどいて味方に引き入れ、その年の夏になんと二人で殿様を殺してしまった。

食べ物の恨みは、本当にぞっとするほどおそろしい。

第二章　「災」の年の漢字

「孟母三遷」――教育ママの元祖

二〇一八年四月一日

　ウチの子ったら、塾に行くといって出かけながら、そのままゲームセンターに行き、夜遅くまで遊んで帰ってくるんですよ、いったいどうしたらいいんでしょうか、という相談を受け、そんなに嫌がるのなら塾なんか行かさなければいいだろうと答えて、母親のご機嫌をいたく損ねた経験がある。

　ドラえもんに出てくるのび太くんのママよろしく、とかく世間の母親は子どもにむかって「勉強しなさい！」と叫ぶのが日課になっているようだ。塾などほとんどなく、宿題すらほとんど出されなかったのんびりした時代に育った私から見れば、子どもが勉強しないのを見ているのは、母親としてそんなにつらいことなのだろうか、と思う。私が子どもだったら、「お母さんが子どもの時には毎日勉強ばかりしていたの？」と憎まれ口の一つもたたきたいところである。

「教育ママ」ということばが世間で広く使われるようになったのは、いったいいつごろからなのだろう。私が中学生から高校生だった一九六〇年代には、そんなことばはまだあまり耳にしなかったような気がする（もちろん私が知らないだけかもしれない）。そして世間でよくいわれる話だが、教育ママの元祖は、なんといっても孟子のお母さんである。

孟子一家は、はじめ墓地のそばに住んでいた。墓地では頻繁に葬式がおこなわれるので、孟子少年はいつも「葬式ごっこ」ばかりして遊んでいた。それを困ったことだと考えたお母さんは、次に市場のそばに引っ越した。すると孟子は商人のまねをして遊びはじめた。商人のまねをしていったいなにが悪いのかと思うが、孟子のお母さんにとっては、それはやはり困ったことだった。それで今度は学校のそばに転居したところ、孟子が「学校ごっこ」をして遊びはじめたので、孟子の母はたいへんよろこんだという。

『烈女伝』という書物に見える「孟母三遷」の話だが、孟母が満足した学校（原文では「学官」）は国語や算数のような「お勉強」を教えるところではなく、各種の祭りや儀式での所作を教えるところだった。だから原文に「すなわち俎豆《そとう》を設け、揖譲《ゆうじょう》進退す」とあるように、孟子は儀式に使う道具を並べ、宴会の作法などをまねて遊んでいたにすぎない。

孟母はそれで満足したのだが、現代の教育ママなら、きっとまた別のところに引っ越しを企てたにちがいない。

「卍」を「まんじ」と読む理由

二〇一八年四月八日

ヒとシの区別がつかない東京下町の鍛冶屋が、火加減をまちがえた時に口走った「火がつよかった」が「シがつよかった」になり、それが「四月八日」と聞こえ、四月八日がお釈迦さんの誕生日であることから、不良品を作って失敗することを「おしゃかになる」というようになった。お寺ではその日に小さな仏像に香湯や甘茶をそそいで洗い清めることから「灌《かん》仏会《ぶつえ》」といい、一般には「花祭り」とよばれている。

かつては信心深い仏教国家であった日本でも、今はキリストの誕生日の方がはるかに盛大に祝われる。クリスマスにはケーキやプレゼントという楽しみがあるのに対して、花祭りでは漢方薬のような「甘茶」がふるまわれるくらいだから、勝負は火を見るより明らかだろう。

子どものころ、花祭りの日にはかならず祖母がお寺につれていってくれた。広い境内で遊べるのはそれなりに楽しかったが、お寺の門に大きな「卍」を書いた幕がかかっていたのがなんとも不思議だった。

「卍」は日本の地図では寺院をあらわす記号として使われるから、記号の一種と考えている人が多いだろうが、実は漢和辞典にも載る、れっきとした漢字なのである。

といっても、最初はインドの神の胸にある渦巻き状の胸毛をかたどった記号だった。ところがそれが中国での仏教で、菩薩の胸や手足に現れためでたい紋様と考えられ、その紋様を漢文で「吉祥万徳」と表現した。

つまり古代インドでは記号だった「卍」が、仏教が中国に浸透するにつれて、しだいに文字として使われるようになったわけだ。仏教経典に見える特殊な漢字をたくさん取りこんでいることで知られる『龍龕手鏡《りゅうがんしゅきょう》』（遼代の僧行均《ぎょうきん》の編、九九七年成立）という、かなり特殊な字書が「卍」を見出し字として掲げ、その字音と意味について「音は万《マン》、是れ如来《にょらい》の身に吉祥の文有るなり」と説明を加えている。

ここで「卍」の読み方を「音は万」と指定しているのは、本来の意味である「吉祥万徳」の「万」にもとづいていて、この記述から、日本でこの字を「まんじ」と読むようになった。しかし今の中国は文字としても地図上の記号としても「卍」を使わないから、日本にくる中国人観光客には、駅前や観光地に掲示されているマップに描かれている「卍」の意味がまったくわからない。

「豆」は食べるマメではなかった

二〇一八年四月十五日

エンドウ豆や絹さやなどがスーパーの棚にたくさん並ぶようになると、豆ごはんが好きな私はとてもうれしい気持ちになる。

「豆」にもいろんな種類があって、さまざまな料理に使われるのみならず、節分には豆をまくし、豆を入れた枕もある。このように「豆」は、私たちにとってきわめて身近な漢字のひとつといえるが、しかしそれはもともと食べるマメをあらわすためではなく、実はご先祖様をお祭りする時に使う金属製の道具をあらわすために作られた漢字だった。

今から三千年ほど前の中国では、王や貴族の家で祖先に対するおごそかな祭りが、定期的におこなわれていた。彼らにとって先祖に対する祭りは非常に重要なイベントだったから、祭りに使われる道具も通常の土器などではなく、青銅、すなわち銅と錫《すず》の合金で作られた特別のものが用意された。

祭りに使われる青銅器は楽器や食器、調理器具、それに酒や水をいれる容器などに分類されるが、それらはいずれも、今から三千年も前に作られたとはとうてい思えないほど精巧に作られた、見事なものばかりである。

そんな道具の一つに、料理を盛りつけるための浅い皿に長い脚をつけた台がある。日本では「たかつき」とよばれるもので、古代中国ではその台のことを「豆」とよんだ。「豆」は実は、その台を正面から見た形をうつしとった象形文字なのである。

この字がのちに「マメ」の意味に使われるのは、食べ物を盛る台と植物のマメが同じ発音だったので、台をあらわす文字を借りて、植物のマメを意味する文字に使ったからにすぎない。この台とマメにはなんの関係もないし、調理したマメを「たかつき」に盛ったわけでもない。

この「豆」という台の上に、ゆたかに実ったキビやアワなど穀物の穂を置いた形が「豐」であり、それが戦後の日本では「豊」と書かれるようになった。

「豐」は農作物の収穫を神に感謝するために、たわわに実った穀物をたかつきに載せて神に供える形であり、そこからこの字が「ものがたくさんある」、あるいは「大きい」という意味を持つようになった。農業の豊作があらゆる「ゆたかさ」の根源にあることを、この字は私たちに教えてくれている。

権威をなぜ「泰斗」とよぶか

二〇一八年四月二十二日

　ある分野での第一人者のことを、最近では「権威」とか「オーソリティー」ということばで表現することが多くなったが、しばらく前までは「泰斗《たいと》」という熟語を使ったものだった。若い人の中にはそんなことばなんか聞いたこともないという人もおられるだろうし、年配の方にとってもいささか古めかしい感覚をともなって聞こえるだろうが、しかし「権威」や「第一人者」よりも「泰斗」の方が、いかにも老大家でその分野での重鎮である、という感じを私は持つ。

「泰斗」は『唐書』韓愈《かんゆ》伝の賛に由来し、「泰山」という山と、おおぐま座に含まれる七つの星で構成され、ひしゃくの形をしたおなじみの「北斗七星」から、それぞれ一字ずつ漢字をとって作られたことばである。

　北斗七星は日本や中国では一年中いつも天頂近くに見えるし、天球の中でもっともよく目立つ星座だから、そこから北極星をさがす目標としても使われる。

だがもういっぽうの「泰山」(また「岱山」とも書かれる)は、「泰山鳴動して鼠一匹」ということわざにも使われているが、いったいどこにある山なのか、日本ではあまり知られていないようだ。といっても、泰山という独立した山があるわけではない。泰山は中国・山東省中部にある山脈の名前で、主峰である玉皇頂《ぎょくこうちょう》の標高は千五百メートルを少し超える程度だから、それほど高い山脈ではない。しかし黄河下流の大平原から切り立つように山塊がそびえたち、周囲に高い山がないので、この山脈がひときわ目立つ高い目標となり、それで漢文では「泰山」が大きな山のたとえとして用いられる。また古くから山岳信仰の対象とされ、中国の五名山とされる「五岳」の中では「東岳」とされる。

今の山東省に生まれた孔子にとっては地元の山だったから、泰山に登ったことがあるようで、『孟子』(尽心上)によれば、孔子は泰山の山頂からふもとを眺め、世間など案外小さなものだとの印象を持ったという。

孔子はもちろんふもとから歩いて泰山に登ったにちがいない。しかしユネスコの世界遺産(複合遺産)に登録され、国内外からの観光客でにぎわう今は、中腹から山頂近くまでロープウェーが通じている。そんな手軽に登れるようになった今では、その山の名前を使う「泰斗」で各界の権威を表現するのに、少し違和感があるかもしれない。

茶碗でメシ食う日本人

二〇一八年四月二十九日

家庭内で日常の食事に使う食器について、「お父さんのスプーン」とか「太郎くん専用の皿」を決めている家はあまりないだろうが、ご飯を食べる「お茶碗」と箸については、家族それぞれが使うものを個人ごとに決めている家が多いだろう。これはおそらく外国にはほとんど見られない、日本独自の食文化だと思う。

お茶を飲むのに使われるカップは世界各地でさまざまな形をしているが、日本の「茶碗」は必ずしもお茶専用ではなく、私たちは「茶碗」という容器で実にさまざまなものを飲み食いする。ご飯を食べるのも、お茶を飲むのも「茶碗」だし、やけ酒はだいたい「茶碗酒」で飲む。「茶碗蒸し」を作るのに使う容器だって「茶碗」とよばれている。

しかし「茶碗」とはいうまでもなくもともと喫茶のために作られた容器で、中国大陸で作られたものが朝鮮半島を経由して、茶器として奈良時代から平安時代あたりに、茶と一緒に日本に伝来したと考えられる。

茶碗を中国では古くは「盌」という漢字であらわした。「盌」は下にある《皿》の部分が意味をあらわし、上は発音をあらわす《宛》《エン》の省略形だが、この漢字がのちの中国では、容器の材質によって書き分けられるようになり、木製のものは《木》をつけて「椀」と、陶磁器のものは《石》をつけて「碗」と、そして金属製のものは「鋺」と書かれた。

今の日本でも、陶器や磁器で作ったものは「碗」と書かれ、それに対して材木をロクロで回しながらくりぬいて作ったものは「椀」と書かれるから、この二つについては材質による書き分けがおこなわれている。

だが中国では材質による書き分けだけでなく、用途によって名称そのものをはっきり区別し、ご飯を食べる容器を「飯碗」、スープを飲む容器を「湯碗」、そしてお茶を飲む容器を「茶碗」と使い分ける。いっぽう日本では、中国から伝来した喫茶の習慣が普及するとともに「茶碗」が一般的な名詞として定着し、喫茶以外の用途に使われるものも「茶碗」とよばれるようになった。私たちがふだんなにげなく使っている「ご飯茶碗」といういい方は、よく考えれば非常に不思議な名称であって、米飯が盛られるのならば、本来は中国語のように「飯碗」というべきである。にもかかわらずそこに「茶」という漢字が使われるのは、おそらく喫茶という習慣が長期にわたって社会に深く定着していたからなのだろう。

「端午」の節句にちまきを食べるわけ

二〇一八年五月六日

二月十四日がすぎるとチョコレートが、十二月二十四日がすぎるとケーキが投げ売りされる。いずれも時期はずれになったからだが、チョコレートやケーキのような舶来物が登場する前は、同じことを「六日の菖蒲《あやめ》、十日の菊」といった。菖蒲は五月五日の端午の節句に、そして菊は九月九日の重陽《ちょうよう》の節句の飾りにふんだんに使われるが、その節句がすぎてしまえば、だれも見向きもしなくなることから作られた表現である。

戦後の日本では、新暦で端午の節句にあたる日が「子どもの日」という祝日となったが、「端」は「はじめ・最初」の意、「午」は十二支のウマだから、「端午」はもともと五月最初のウマの日のことだった。ところが「午《ゴ》」と「五《ゴ》」が同じ発音なので、日本では気候がよく祝日が連なる新暦の五月五日を「端午」とするようになった。

しかし伝統的な節句はもともと旧暦で考えるべきであって、中国語文化圏では今も旧暦の五月五日が端午とされ、前後三日間ほどが休日となる。

その日は、戦国時代の憂国詩人として知られる屈原《くつげん》の命日とされる。屈原は長江流域にあった楚《そ》で内政と外交面で活躍し、人々から深い信頼を寄せられた政治家だったが、彼をねたむ者が王に屈原を中傷し、それを信じた王から追放された屈原は、放浪の果てに汨羅《べきら》という河に身を投じた。それが五月五日だったというのである。

屈原にはさらに話があって、南朝・梁の時代に作られた『續齊諧記《ぞくせいかいき》』という文献によれば、屈原亡きあと人々は彼をしのんで、命日の五月五日にコメを入れた竹筒を川に投げこんで供養としていた。

そんなころ、區曲《おうきょく》という者が汨羅のほとりを歩いていると、屈原の亡霊に出会った。亡霊は區曲に対して「端午節にはみんな私を祭ってくれるが、投げられた供物は水中にいる龍に食べられてしまい、私には届かない。そこでこれからは、供物を棟《おうち》の葉で包み、さらにそれを五色の糸でしばってほしい。その二つは龍がきらいなものなので、そうしてもらえるとお供えが私のところに届くはずだ」と告げた。區曲がさっそくそのことを人々に教え、それから五月五日には棟の葉で包み、糸でしばった食品を作って屈原をしのんだという。これが「粽子《ツォンズ》」（中華ちまき）のルーツであり、のちの中国では笹や竹の皮で包むようになったが、それを日本では餡をいれた餅を茅《ちがや》で包んだことから、「茅《ち》まき」とよばれるようになった。

「母」にある二つの豊かな乳房

二〇一八年五月十三日

世界の古代文明で使われた文字は、ほとんどが象形文字からはじまった。象形文字とは要するに絵を文字として使ったものであり、それがサカナとかヤマ、あるいは太陽や雨なら、だれが書いてもほぼ同じような形になる。しかしすべての物体を、万人が同じように描くとは限らない。ある事物や概念をあらわす文字を作る時に、なにを素材として、それをどのように描くかに関して、古代人と現代人の思考回路は同じでないし、さらに同時代でも人によって大きな差があるものだ。

ここで私たちが文字のない時代に暮らしており、これからみんなで漢字を作っていくことになったと仮定して、「おんな」をあらわす漢字を広く募集すれば、おそらく驚くほどさまざまな形が創作され、提示されることだろう。

しかし実際に存在する「女」という漢字は、古代の字形ではひざまずいて両手を前に組みあわせて、従順なポーズをとっている人間をかたどっている。古代中国は女が男に隷属させられた時代で、明らかな「男尊女卑」の思想がこの字形には反映されている。

現代人がもし「おんな」という意味をあらわす象形文字を作るとすれば、決してそんな姿を描いたりはしないだろう。しかしそれが「母」をあらわす漢字となれば、もしかしたら、古代中国人が作った字形に見られる発想が、今もそのまま通用するかもしれない。

今の字形からはすこしわかりにくいが、「母」は「女」という漢字を基礎にしており、「女」の中央部、すなわち胸にあたる部分に点を二つ加えると「母」になる。この点は乳房の先にある乳首をあらわしており、それが今の「母」という漢字に二つの点として残っている。

乳房は未出産の女性にもあるし、男にもある器官だが、しかし乳房が果たすもっとも重要な働きは、いうまでもなく赤ちゃんに対する授乳である。だから「女」という大きな集合の中から、「母」という小さな集合を取りだすためのもっともわかりやすい指標は、子どもに授乳する乳房だった。古代中国人は愛する子どもに授乳する豊かな乳房を強調することで、母という大切な概念をあらわしたのである。

私が小学生だった昭和三十年代では、空腹でむずかる赤ちゃんに、人前でかくしもせず乳房を含ませている母親を電車やバスの中でも頻繁に見かけたものだった。「母の日」と聞くと、最近ではまったく見かけなくなったその優しい姿を、私は今でもすぐに思い出す。

「柳」に託した惜別の情

二〇一八年五月二十日

桜の季節になると、各地の名所に大量の花見客が押し寄せる。日本では北海道から沖縄まで いたるところに桜が植えられているから、桜などどこでも見られると思うが、やはり名所で見る桜は格別なのだろう。

私たちは桜の開花とともに春の到来を感じる。しかし世界中どこにでも桜が植えられているわけではなく、それぞれの国や地域には土地ごとに春の到来を感じさせる自然や現象がある。そんななかで、中国（といっても黄河より北の地域）では、日本の桜にあたるものが「柳絮《りゅうじょ》」、すなわち白い棉毛《わたげ》のついた柳の種子である。北京あたりではだいたい四月下旬から五月はじめのころ、これが風に乗って雪のようにただよいだす時に、人々は春の到来を感じるという。

柳は古くから中国人に親しまれており、今でも街路樹としてよく植えられている。風雅な庭園に柳はよく似あうし、水辺や湖畔などでも風景にうまく調和する。過去の中国では、色街の中は種々の花で飾られ、並木として柳が植えられた。それで色街を「柳巷花街《りゅうこうかがい》」といい、これが日本語の「花柳界」の語源となった。

渭城《いじょう》の朝雨《ちょうう》は軽塵《けいじん》を浥《うるお》し
客舎《かくしゃ》は青々《せいせい》として　柳色新たなり

唐の著名な詩人王維《おうい》が作った「元二《げんじ》の安西《あんせい》に使いするを送る」という詩の一節で、旅に出る友人を送る歌として、中国では今もよく朗誦される。この詩に登場する渭城は、渭水《いすい》という川のほとりにある街で、長安から西（つまりシルクロードの方向）に向かう旅人は、ずっと送ってきてくれた友人とここで別れ、いよいよ西域への厳しい旅に向かう。

見送る人は、川辺の柳の枝先で丸い輪を作って旅立つ人に手渡した。「柳《リウ》」は「留《リウ》」と同じ発音で、「留」には「気にとめる・なつかしむ」という意味がある。また輪のことを意味する「環《クワン》」は、「還《クワン》」（かえる）と同じ発音であることを使って、柳の輪には「あなたが一日も早く帰ってこられるようにと気にかけています」という意味がこめられている。

こんな心のこもった惜別の情をささげられたら、これからの旅のつらさもなんとか克服できるだろう。柳の輪に託された気もちには、快適な旅行しか経験していない現代人がとっくに忘れてしまった美しい心情が秘められているのだ。

「虹」と「蛸」はなぜ《虫》ヘンか

二〇一八年五月二十七日

春になるとテレビでは桜の開花予想がおこなわれ、いざ咲いたら新聞には花見スポットの開花情報が掲載される。満開になれば花見の宴で大騒ぎするのに、その季節がすぎ、新緑がまぶしくなって、桜の木に毛虫が出没しだすと人々は眉をひそめ、甚だしくは殺虫剤まで持ちだされる。人間とはほんとうに勝手なものだ。

天気予報に「夏日」ということばが聞こえだすと野外は虫たちの出番で、すでに畑には蝶が飛びかい、やがて蟬《せみ》の大合唱が聞こえるようになる。

「虫」という漢字を昔は「蟲」と書いたことは、年配の方ならよくご存じであろう。要するに新字体と旧字体のちがいだが、しかしもっと古くは、「虫」と「蟲」はまったくちがう漢字だった。

今私たちが「むし」という意味で使っている「虫」は、もともとは毒蛇である「まむし」を意味する漢字だった。「虫」は頭の大きな蛇の形をかたどった象形文字で、音読みは

「チュウ」ではなく「キ」。その「虫」という漢字が、「まむし」から意味が広がって、やがてさまざまな小動物をあらわすようになった。

それに対して「蟲」（こちらの音読みが「チュウ」）は、その《虫》を三つ組みあわせた形で、こちらは古くからもっぱら「むし」という意味で使われてきた。

両者はそのように別々の漢字で、ことなった意味をあらわしていた。それがいつの間にか「蟲」の簡略形として「虫」と書かれるようになり、やがて「虫」が日本でも中国でも「むし」を意味する正規の漢字となった。

《虫》ヘンがついている漢字が昆虫だけに限らないのは、以上のような理由による。「虻」（あぶ）や「蟋」（こおろぎ）、「蜘」（くも）などはムシの類といえるが、「蝮」（まむし）や「蟒」（うわばみ）はヘビだし、「蜥」や「蜴」（どちらも「とかげ」）、「蠍」（さそり）、さらには「蚯蚓」（みみず）にまで《虫》がある。「虹」はかつて山から山にわたる大きな龍と考えられたので《虫》ヘンがついている。また「蛸」（たこ）や「蛤」（はまぐり）、「蝦」（えび）のような水中の小動物まで《虫》の仲間なのだ。

子どもから「タコは虫じゃないのに、どうして『蛸』には《虫》ヘンがついているの？」と聞かれ、適当にごまかしてきたお父さんやお母さんはいなかっただろうか。

チャーミングな「齲歯笑」

二〇一八年六月三日

指先が赤く腫れて痛いので皮膚科を受診したら、「ひょうそ」という感染症だと診断され、漢字では「瘭疽《ひょうそ》」と書くと教えてもらった。ほかにも医学で使われる用語には、膵臓《すいぞう》とか腫瘍《しゅよう》、蕁麻疹《じんましん》など難しい漢字がたくさん登場するが、それは西洋から近代医学が入ってきた時に、それまでの漢方医学での知識を基礎として訳語を作ったからで、その名残りが今もあちこちに残っている。

子どもが学校で歯科検診を受け、その結果をもらってきた。見れば「う歯」という項目があって、これは「虫歯」のこと。「う」は「齲」という難しい漢字で、昔は歯科医師以外まず書けない漢字だったが、パソコンやスマホが普及したおかげで、今は簡単に使えるようになった。しかし「齲」を「ウ」と読むのは右側にある《禹《ウ》》に引きずられた誤読で、正しい音読みは「ク」だから、「齲歯」は「くし」と読むべきである。わざわざ難しい漢字を使ってまちがうのなら、はじめから「虫歯」といったらどうだと思うが、いかがなものだろう。

虫歯が痛むのはつらいもので、特に夜中に歯痛で苦しむのは、情けないやら痛いやらで、大人でも眠れぬ夜をすごす。それでも現代ならせいぜい一晩我慢すれば、翌朝に歯科医にいってなんとかしてもらえる。だが古代ではそうはいかず、地獄の苦しみを味わった人はきっとたくさんいたことだろう。

しかし虫歯を逆手にとって、魅力のひとつにした人物も中国にはいた。

後漢の梁冀《りょうき》（一五九年没）は父の地位を継いで大将軍（武官の最高位）となり、さらに妹が皇后となったことから、二十年にわたって王朝内で自由自在に振る舞い、最後には専横のあまり討伐された人物である。その妻を孫寿《そんじゅ》という。彼女は生まれつきの美貌の持ち主であったが、さらには独特の媚態を演出することができたという。

伝記に「善く妖態《ようたい》を為す」と記される孫寿は、「愁眉《しゅうび》」を施し、「折腰歩《せつようほ》」で歩き、そして「齲歯笑《くししょう》」で笑ったという。「愁眉」とは眉を細く描くこと、「折腰歩」とは「足　体の下にあらず」という記述から考えればモンロー・ウォークのような歩きぶりだったのだろうか。そして「齲歯笑」だが、これは注釈によると、虫歯が痛んで憂鬱な時のような感じで笑うことだという。なんとも理解に苦しむ笑顔だが、しかし彼女のこのような姿態が、やがて首都洛陽の女性たちの間に大流行したという。

さまざまな「泣き方」

二〇一八年六月十日

平安時代の貴族が書いた物語や随筆、あるいは和歌を読んでいると、男も女も朝から晩まで、ずっと泣きくらしていたかのような感覚にとらわれる。花が咲いたとか散ったといっては泣き、恋人からの手紙が来たとか来ないとかいっては、さめざめ泣いていた。貴族は官職に応じて国家から支給される田畑を主な収入源とし、そのほかに私有地である荘園からの収入もあったから働く必要がなく、泣いてばかりいても暮らしていけたようだ。

泣けばナミダが出る。「涙」という漢字（旧字体では「淚」）は、意味をあらわす《水》と発音をあらわす《戾》（正しくは中が《犬》）とからなるが、「涙」（＝「淚」）は古い文献ではあまり使われず、「なみだ」をあらわす主な漢字は「泣」と「涕」だった。

「泣」とは「しのび泣く」ことで、のちに意味が広がって「なみだ」の意味に使われるようになった。中国最古の詩集『詩経』の「燕燕《えんえん》」という詩に、「瞻望《せんぼう》（遠くを眺める）すれども及ばず、泣涕《きゅうてい》すること雨のごとし」（遠くを眺めてもあの人の姿が見えなくなり、私は雨のような涙を流す）と旅立つ人との別れが歌われている。紀元前何百年という時代から、恋人との別れはせつないものだった。

劉邦と天下を争った英雄項羽が、愛する虞美人《ぐびじん》と別れる有名なシーンにも「泣」という字が登場する。項羽が詠った悲愴な詩に虞美人が唱和したところ、「項王　泣《なみだ》　数行下り、左右皆泣《な》き、よく仰ぎ視るものなし」と『史記』（項羽本紀）は描写する。この文には「泣」という漢字が二度使われていて、漢文の授業でよく取りあげられる例だが、前が「なみだ」という名詞、後が「泣く」という動詞である。

もう一つの「涕」も『詩経』に用例があって、「沢陂《たくは》」という詩に、彼女のことを思えばせつなくてなにもできず、「涕泗《ていし》　滂沱《ぼうだ》（とめどなく流れる）たり」とある。注釈によると、目から出るのが「涕」、鼻から出るのが「泗」だそうで、そうするとここで泣いている人物は、涙と鼻水のどちらも流して泣いているわけだ。

恋愛をテーマとする古今東西の物語や詩歌、あるいは戯曲には、涙がいっぱい登場する。しかし実際には涙と同時に流れる鼻水について、小説も歌もほとんど触れることがない。愛する人を前に、たっぷり泣いて泣かれた恋人たちは、ほとばしる熱い涙の前に、鼻水の存在には気づかない。思えば幸せなことである。

漢和辞典の《父》部

二〇一八年六月十七日

小学校や幼稚園で「父の日」に開かれる授業参観日は、実に気恥ずかしいものだった。教室の後ろの壁に貼られた「お父さんの絵」は、はっきりいえばなぐり描きに近いもので、直視するだけでも勇気がいるのに、さらには子どもたちが立ちあがって、後ろに並んだオヤジたちに向かって「お父さんいつもありがとう」などと一斉に朗唱する。あれは父親に対する拷問ではないか、とまで私は思う。

父といえば、私も編集に参加した漢和辞典がしばらく前に刊行され、それを買ってくれた友人が、木ヘンとか糸ヘンは知っていたけど、《父》という部首があることに驚いたというメールをよこした。なるほど、漢和辞典に慣れていない人なら《父》部があることなどまず気づかないだろうし、だから漢和辞典は引きにくいといわれるのだろうと思った。

漢字には音と訓がだいたい数種類あるので、漢字の辞書では発音順配列が使いにくく、それで部首式配列が使われる。今の一般的な漢和辞典では、清《しん》代に作られた『康熙字典《こうきじてん》』（一七一六年完成）で使われている二百十四種からなる部首を基礎とし、それを各出版社が独自に改編しているが、コンパクトな漢和辞典では「親字」（見出し字）がだいたい一万字だから、それを二百十四で割ると、約四十七になる。つまり漢和辞典で一つの部に入っている字数は平均四十七字ということになるのだが、《水》や《木》、《手》のように数百字を収める大きな部があるから、逆に平均よりずっと少ない部も存在することになる。

《父》はそんな字数の少ない部の一つで、部首字の「父」は斧を手に持つ形をあらわす。古代では家長は斧を使って原野を切り開き、斧で野獣と戦った。そんな斧が家長のシンボルであることから「ちちおや」をあらわす文字に使われた。「斧」の上部に《父》があるのはそのためだが、しかしその「斧」は、《父》部ではなく《斤》部に収められている。

《父》部に収録される漢字は非常に少なく、『康熙字典』ではめったに使われない字を含めて十二字、手元にある漢和辞典でも、「父」のほかには「爺」と、現代中国語で「父親」をあらわす漢字として使われる「爸」と「爹」しか収められていない。

「父」がみんなから相手にされないのは、最近はじまった現象でもないようだ。いっそ父の日の授業参観日では「お父さんの絵」なんか貼りださず、子どもたちに漢和辞典を持たせ、いつも日陰にいるお父さんをもっと大切にしようと教えたらいかがなものだろう。

「辛辣」な味わいの料理

二〇一八年六月二十四日

北京に出張した時、仕事先のすぐ近くに四川料理店があった。なかなかきれいな店だし、ランチのためだけにホテルまで戻るのも面倒だ。人によっては四川料理が口に合わないということもあるが、同行者はみな「激辛」大歓迎の者ばかりだったので、昼食時にまよわずそこにとびこんだ。

さいわい店は混んでおらず、値段も手ごろだったから、いい店に入ったとよろこびながらとりあえず生ビールを注文し、おもむろにメニューを見ていると、お下げ髪の少女が「虎尾辣椒」という料理を指さして、「うちの店にきてこれを食べない手はない、ほらあそこのテーブルでも食べているでしょう?」と近くの食卓を指さす。どうやらこの店の名物料理らしいが、「辣椒」はトウガラシで、しかも四川料理店のものだ。ひとまず警戒しておくにこしたことはないと考えて「からいのだろう?」とたずねると、少女はにこやかにほほえみ、「私なんか小学生のころから食べているわよ」と明るくこたえた。

ならばと安心して注文すると、ほどなく小さなニンジンくらいのトウガラシの空揚《からあ》げが出てきた。この大きさが「虎尾」なのかと納得しつつ、ひとくち食べて、あまりのからさに卒倒しそうになり、大あわてでビールを口に運んだ。しかし少女の話では、四川ではこれを平気で食べる子どもも珍しくないとのことだった。

「香辛料」というように、からい味を漢字では「辛」であらわしたが、「辛」はもともと罪人に刑罰として入れ墨を加える時に使う針をかたどった文字で、そこから「罪」という意味をあらわすようになった。「無辜《むこ》」という時の「辜」(「つみ」の意)に《辛》が含まれているのはそのためで、そこからさらに意味が拡張したのが、味覚の「からさ」である。

現在の中国語ではからい味を「辣」という。「辣油」(ラー油)の「辣」だが、この漢字は単独で使われるほか、「辛」と組んで「辛辣」という熟語を作る。日本語の「辛辣」は「手厳しい」という意味で使われるのが普通で、味覚の表現には使われないが、しかしもともとはからい味を意味することばとして使われた。

『酉陽雑俎《ゆうようざっそ》』(巻十八)によれば、唐ではインドから伝わった胡椒《こしょう》で肉に下味をつけていたのだが、味についてその本には「至って辛辣」と記されている。たかが胡椒ごときで「辛辣」とはなんとおおげさな。著者はきっと四川出身の人ではなかったにちがいない。

「雷」――宇宙の気が回転するさま

二〇一八年七月一日

梅雨末期になると、かみなりがしきりに鳴る。かみなりが発生するメカニズムについては学校で習っているので、それが単なる放電現象にすぎない、ということは一応わかっている。しかし地球の終末もかくや？　と思わせんばかりの、あのおそろしい轟音と閃光の前には、そんな理屈などみじんも通用しない。

大地を激しく震動させ、轟音とともに天地をまっぷたつに鋭く裂き、あたり一面を瞬間的に真昼のように輝かせる稲光のイメージを、昔の中国人はぐるぐる回転する形で表現した。古代中国で祭祀に用いられた青銅器の外側に装飾として描かれた「雷紋」がそれであり、また身近なところでは、ラーメン鉢の上辺をぐるっと取り囲んでいるおなじみの渦巻き紋様も、実はその形なのである。

さらにそのイメージが文字にも表現され、「雷」の下半分に《田》という形で使われた。これは「たんぼ」を意味する文字ではなく、宇宙の気が回転するさまを描いた形なのである。

昔はかみなりが鳴ったらいそいで蚊帳《かや》の中に入れ、と教えられたものだった。おなかを出して寝ていると、かみなりさまにおへそを取られるぞ、ともおびやかされた。かみなりが鳴るのはちょうど蚊が増えだす時期で、さらに雨が降ると、蚊が家の中にたくさん入ってくる。そこで子どもを少しでも蚊から守ってやろうとして、蚊帳に入れとか、へそを出して寝るな、と子どもをしつけたらしい。

かみなりという自然現象を借りた生活の知恵が、かつての日本にはあった。しかし家屋の形態が変わり、農薬や殺虫剤が使われるようになって、蚊もずいぶん減った。網戸が普及したから、蚊帳を目にすることもほとんどなくなった。

かみなりがへそを取るというような話が、今どきの子どもに通用するはずがない。子どもどころか、妙齢の若い女性がへそを丸出しにしたまま、時にはそこにピアスまでつけて、白昼に繁華街のど真ん中を堂々と闊歩している時代である。

むかし、若い娘の太股に目がくらんで空から地上に落ちてきた仙人がいたという。現代のかみなりの中にも、もしかしたらギャルのへそピアスめがけて威勢よく求愛に降りてくるものがいるかもしれない。くわばらくわばら。へそ出しルックの女性には、あまり近寄らない方がいいのかもしれない。

「狼狽」の滑稽な由来

二〇一八年七月八日

「うろたえる」と入力してなにげなく変換キーを押したら、画面に「狼狽える」と表示された。パソコンやスマホでは「狼狽《ろうばい》」が「うろたえる」の漢字表記にあてられているようだ。だがルビなしの文章で「狼狽える」と出てきて、それを苦もなく「うろたえる」と読める人はいったいどれくらいいるだろうか（私はたぶん読めない）。

「狼狽」は、本来は二種類の動物を並べた熟語だった。

「狼」はもちろんオオカミで、きわめて獰猛《どうもう》なこの動物は、山から人里に下りてきて家畜を襲うなど、古くから人間社会に大きな害をあたえてきた。しかし人間も負けてはおらず、オオカミを捕らえて肉を食べたり、毛皮から衣服や敷物を作ったりしてきた。後漢の王充《おうじゅう》『論《ろん》衡《こう》』（調時篇）に「狼衆《おお》ければ人を食らい、人衆ければ狼を食らう」とあるのは、まことに至言である。また狼の糞は燃料として使われ、乾燥したものを燃やすと煙がまっすぐに上がることから、ノロシを上げる時の燃料にもってこいとされた。ノロシを漢字で「狼煙」と書くのはそのためである。

ところでもう一方の「狽」は想像上の動物で、もともとはオオカミの一種で、かなりユニークな姿の動物であった。

「狼狽」は、唐の段成式《だんせいしき》が著した随筆集『酉陽雑俎《ゆうようざっそ》』（巻十六）に見え、そこに「あるひと言うに、狼《ロウ》と狽《バイ》はこれふたつの物にして、狽は前足絶えて短く、つねに行くに狼の腿《あし》の上に駕す。狽は、狼を失えばすなわち動くあたわず、故に世に事の乖《たが》う者を狼狽と称す」と記される。

ここでは狽について述べるだけで、狼の姿にはふれられていないが、明時代に作られた『字彙《じい》』という字書では「狼は前の二足長く、後ろの二足短し。狽は前の二足短く、後ろの二足長し。狼は狽無ければ立てず、狽は狼無ければ行けず、もし相い離るれば、則ち進退することを得ず」とある。

「狼」と「狽」は前足と後足が長短不揃いなので、両者は常に一緒に行動する必要があり、どちらか一方が離れるととたんに歩けなくなってしまう。それで、あわてふためき、うろたえることを「狼狽」というようになった。

おそろしいオオカミも、熟語では実に滑稽な動物とされてしまったわけだ。

中国人には読めない「仏」

二〇一八年七月十五日

首都圏にある大学の外国語学部で中国語を学んだ知人から聞いた話である。

入学してすぐ、一年生の必修科目に指定されている「外国語演習」を受講したら、来日したばかりで、日本語がまだあまりわからない中国人先生が担当されていた。カタコトの日本語と本物の中国語をまじえておこなわれる講義は決してわかりやすくはなかったが、必修なのでそのままなんとか講義に出席し続けて、もうすぐ夏休みとなった時、夏休みの計画を中国語でまとめてこいという課題が出た。彼は適当なことを書いてお茶を濁したそうだが、同級生の一人は両親が仕事でフランスに暮らしていたので、「この夏は両親に会いにフランスに行き、ついでにヨーロッパを旅行してきます」という内容を、がんばって中国語（らしきもの）で書いたそうだ。

次の授業でみんなが課題を提出した時、先生は彼の文章にある「仏」という漢字がわからないという。彼はフランスを「仏国」と書いていたのである。

この先生は中国人なのになんでこんな簡単な漢字がわからないのか、もしかしたら中国が展開している漢字簡略化政策に反対しておられるのか、などと思いながら、彼が「仏」を「佛」と書き直すと、それを見た先生は、カタコトの日本語で、泰国（タイ）や緬甸（ミャンマー）など、フランスと関係のない国の話をしだした。

くだんの同級生はけげんそうな顔で、ボクが行くのはフランスであり、アジアではないと申し出るのだが、先生はあいかわらずアジアの仏教国家の話ばかりして、話は最後までまったくかみあわなかったそうである。

このトンチンカンなやりとりの原因は、「仏」という漢字の使い方にある。日本ではフランスを漢字で「仏国」と書くが、今の中国人は「仏」という漢字がわからない。

中国でもかつて「仏」を「佛」（あるいは「似」）の略字として使ったこともあるが、それはほんの一部の字書だけであり、漢字をあんなに大胆に簡略化している現在の中国でも、仏教は依然として「佛教」と書き、「仏」を使わない。いっぽう中国語ではフランスのことを「法蘭西」、あるいはその短縮形として「法国」と書くから、「佛国」と書いてもフランスという意味にはならない。そもそもキリスト教国家であるフランスに「仏」をあてはめるのが、最初から無理なのかもしれない。

「解」――牛を切り分けること

二〇一八年七月二十二日

太古の昔、人類が狩りで食料を確保していたころ、捕らえた獲物はおそらく丸焼きにして食べたのだろうが、ウサギや鳥ならともかく、狐や鹿くらいの大きさになれば、焼いたあと肉を切り分けなければならない。そこで必要になるのがナイフで、石器時代にはもちろん石でナイフを作った。こう考えれば、人類史上最初に登場した調理道具はナイフだったということになる。

料理用のナイフを意味する「ほうちょう」を今は「包丁」と書くが、それは終戦直後に定められた当用漢字に「庖」という漢字が入らなかったからで、それまで「ほうちょう」は「庖丁」と書かれていた。

「庖」は「くりや」すなわち料理を担当する部署のことで、『周礼《しゅらい》』という経典によれば、古代には「庖人《ほうじん》」という役職が王の食事に使う家畜や鳥を管理したという。いっぽう下にある「丁」は「園丁」とか「馬丁」などと同じ使い方で、特定の業務に従事する者をいうから、

「庖丁」とは料理担当部署の職員という意味で、日本語では「ほうてい」と読む。

『荘子』(養生主篇)によれば、料理の名人だった職人がある時、王の前で一頭の牛を解体した。彼の手さばきはまことにあざやかで、刀をリズミカルに動かすにつれて、肉が胴体から面白いようにサクサクと離れた。そのあまりの見事さに感心した王の問いに答えて、彼は「最初はどこから刀を入れていいか、なかなかわかりませんでした。それが三年ほどたつと、牛の体のそれぞれの部分が見えはじめ、刀を入れるべき場所がわかってまいりました。今では牛の体を目で見て仕事をするのではなく、自然のままの精神を会得することで、牛の体に最初からそなわっている筋目が見えますので、そこに刀を入れれば、刀を骨にあてずにスムーズに解体できるのです」と語ったという。

この「庖丁」の話は『荘子』では「庖丁《ほうてい》 文恵君《ぶんけいくん》の為に牛を解く」という文ではじまるが、この「解」こそ牛の解体を示すそのものズバリの漢字である。「解」は左に《角》(ツノ)があり、右側は《刀》と《牛》である。つまり牛のツノを刀で切り落としているさまをあらわしていて、牛を解体することから、広く一般的にものを切り分けることを「分解」というようになった。だがもしもこの漢字がはじめから日本で作られていたら、《牛》の部分がきっと《魚》になっていたことだろう。

「脳」科学に通じる発想

二〇一八年七月二十九日

大学の教員をしていた時の同僚に脳科学を研究している人物がおり、飲み会で隣にすわった時に、「脳」という漢字の成り立ちについての質問をうけた。飲み会だから「手ぶら」で、資料などもちろん持ちあわせていないから、おそらく適当なことを答えたと思うが、その場で教わった話では、人の頭蓋骨《ずがいこつ》は生まれた時にはたくさんのパーツにわかれていて、それが成長とともにくっついて前頭骨や頭頂骨、側頭骨などになり、こうして頭がだんだん大きくなっていくのだそうだ。

すっかり固くなった大人の頭では、硬い骨でおおわれている部分をさわっても、そこがもともとたくさんの部分に分かれていたなどとはまったく思えない。しかし生まれたばかりの赤ちゃんの頭は、さわるのもこわいほどやわらかい状態になっていて、それは頭蓋骨を構成するパーツがまだまとまっていないかららしい。

特に頭頂部、てっぺんの部分が固まっておらず、まだつながっていない骨の境目の部分には、心臓の動きにあわせてひくひくと動く部分がある。医学用語では「泉門」というそうだが、「ひよひよとおどるように動く」ことから、その部分を日本語で「ひよめき」とか「おどりこ」といい、それを漢字では《囟》（シンと読む）であらわす。

「囟」は赤ちゃんの頭骨の上にある割れ目をかたどった象形文字である。今は日本でも中国でもほとんど使われない漢字だが、実は「思」という漢字の上の部分にこれがある。「思」の上部は今《田》という形になっているが、古くはそこが《囟》と書かれており、それがのちに《田》となった。「思」はその《囟》＝「ひよめき」の部分と《心》を組みあわせて、「ものを考える」という意味をあらわす漢字だった。

この「囟」の上に髪の毛をあらわす《巛》をつけ、さらに肉体を意味する《月》（「腹」や「胴」のヘンになっているニクヅキ）を加えると、「腦」という形になる。これが戦後の漢字改革で、「脳」という形に印刷されるようになった。

人の思考や行動にかかわる根源は、生まれたばかりの赤ちゃんの「ひよめき」の動きにある、と古代人は考えた。現代の脳科学に通じる思考と行動の機能を、「ひよめき」が心臓の鼓動とリンクして動くことに着目して、カラダとココロ双方の活動の基礎だと考えた古代人のすぐれた認識が、「脳」という漢字にはっきりと示されている。

「国士無双」に爆笑した時代

二〇一八年八月五日

かつて全国の大学がはげしい「闘争」に巻きこまれていたころ、大学にいっても教室は封鎖されていて、講義などまったくなかった。だが下宿にいてもしかたないので、キャンパス附近の雀荘《ジャンそう》が必然的に学生のたまり場となっていた。

それからしばらくしてキャンパスがおちつきだし、私が楽しみにしていた「漢文学概論」もやっと再開された。それは『史記』にある伝記をいくつか選び、原文を書き下し文にしながら解説される講義だったが、学生が生き方を真剣に模索していた時代だから、司馬遷が描く人生に自分を投影して見つめ直そうとする学生がたくさん出席していた。

その時は「淮陰公列伝《わいいんこう》」、すなわち「股くぐり」で知られる韓信《かんしん》の伝記を読んでいた。「股くぐり」はごろつきたちにからまれた韓信が、さからいもせずに相手の股の下をくぐって笑いものにされた事件であるが、それは無用の衝突を避けるために恥辱に耐えたのであり、彼こそ英雄の名に恥じない、真にすぐれた武将であった。

その韓信の価値を見いだしたのは、劉邦の部下で唯一のインテリ蕭何《しょうか》だった。

蕭何は劉邦に対して、貴殿のまわりにいる将軍たちはどこにでもいるような者ばかりだが、「（韓）信のごときは、国士に双《なら》び無きものなり」と語り、いつまでも漢王の地位で満足するのなら韓信がいなくてもかまわないが、最終的に天下を取るつもりなら、韓信を重用しないかぎり目的は達成されないだろうと進言した。

劉邦はその提案にしたがい、韓信を大将軍に任用して、結果的に漢帝国を建てることができたのだが、その蕭何のことばの中に、「国士無双」という表現がある。「国士」は国を背負って立つ人物、「無双」は「ふたつとない」ということだから、国士無双とは二人といない優秀な人材という意味だ。

しかしこのことばを教授が口にされた時に、学生たちは爆笑した。「国士無双」はマージャン用語としても使われ、めったにできない、点数の高い上がり方である。

雀荘に入りびたっていた学生は、まさか漢文学の講義で「国士無双」を聞くとは思わず、それで爆笑となったのだが、それから数十年たった今、ほとんどマージャンをしない学生相手に同じ文章を読んでも、きっと笑いはおこらないだろう。それがいいことなのか悪いことなのか、私はちょっと判断に躊躇する。

「衣食」足りた国の姿

二〇一八年八月十二日

世間で一般的に「衣食足りて礼節を知る」といわれる格言は、その本来の出典である『管子』（牧民）では「倉廩《そうりん》実つればすなわち礼節を知り、衣食足ればすなわち栄辱《えいじょく》を知る」と書かれている。「倉廩」とは米倉すなわち穀物貯蔵庫のことで、それがいっぱいになるほど豊かになってはじめて人はマナーと節操をわきまえ、着るものと食べるものに困らなくなって、人はようやく名誉と恥辱の区別がつくようになる、と『管子』が述べている通り、国家の経済的基盤が確固たるものとなってこそ社会が安定することは、まちがいない事実だろう。

『管子』という書物は、春秋時代の大国だった斉《せい》で宰相となった管仲《かんちゅう》が著したとされるが、現在の研究では管仲に仮託された書物と考えられ、戦国時代から漢代にかけての長い時期に徐々に作られたものと考えられる。

そのことはさておき、問題の「衣食足りて礼節を知る」にあたる表現は、管仲が主君に対して、国家を円滑に運営していくにはまず産業を振興し、経済を発展させることが肝要である、という文脈の中で語られる。

私は戦後生まれだから見たわけではないが、終戦直後の混乱期には人心がすさみきっていて、都会のターミナルには戦争で肉親を失ったたくさんの子どもたちが「かっぱらい」や置き引きなどでなんとか命をつないでいたと聞く。まことに胸の痛む話で、子どもたちだって好きでそんな行為に走ったわけではないだろう。もし食べ物や衣服に不自由していなければきっと普通の人生を送ったにちがいない子どもが、そんな行為に走った背景には、「衣食もないのにきれい事などいってられるか」という絶望的な心情があったのだろう。

それからすでに七十年以上もの時間が流れ、日本は世界屈指の経済大国になった。「倉廩」は満ちあふれ、「衣食」は十分に足りている。だがしかし、それとともに人々が礼節をわきまえ、栄辱を知ったかと考えれば、いささか暗澹たる気もちにならざるをえない。

深夜のコンビニ前で地面にすわりこみ、大声でしゃべっているだけならまだしも、傍若無人にファストフードを食べちらかす者や、大勢の人が乗っている通勤電車の中で、ところかまわず鏡を出して化粧に余念のない女性たちを見ていると、この国の経済発展と公徳心は、もしかしたら反比例してきたのかと情けなくなってしまう。あの管仲のことばは、ウソだったのだろうか。

学校で教えたい「宋襄の仁」

二〇一八年八月十九日

父親が大切にしていたサクラの木を斧で切ってしまったワシントンが、自分が犯したあやまちを正直に詫びたところ、父親はその誠実さを評価し、木を切ったことを不問に付したという。世間によく知られた美談だが、実際には、十九世紀初頭に書かれたワシントンの伝記にはじめて見える「物語」なのだそうだ。

大切なものを子どもにこわされた父親が、子どもの正直さを評価して、その過失を帳消しにしてくれるほど現実は甘くない。「お父さんごめんなさい」と泣いて謝ったところで、そこらへんにいる父親では、子どもは思いきり叱られるのがオチである。

小学生のころ「ずるいことをしてはいけない」とか「思いやりの心を忘れずに」とか、いわれなくてもわかっていることをたくさん教わった。クラブ活動でも、顧問の先生は「常にフェアーな精神を心がけよ」と声高に唱えていた。さらに「勝敗よりも交流が大切だ」ともいわれた。しかし帰宅して家で見るプロ野球のナイター中継では、審判が気づかなければ少々の反則などたいしたことではないという雰囲気が蔓延しているようだった。

紀元前六三八年のこと、覇者《はしゃ》の地位をめざし、全国統一の野望に燃えた宋の襄公《じょうこう》という殿様が、鄭《てい》という国に攻めこんだ。それほど大きな国ではない鄭は、長江流域に広大な領土を占めていた楚に救援をもとめ、要請をうけた楚は即座に大軍を援軍として派遣した。

宋軍と楚軍は、ある河をはさんで対峙《たいじ》した。圧倒的な兵力を誇る楚が、宋のいる側へと河を渡りはじめた。それを見た宋の参謀が、敵の全軍が河を渡りきる前がチャンスですと襄公に進言したが、それは卑怯だと襄公は提案を却下した。やがて楚軍が渡河を終え、陣形を整えはじめると、参謀は今こそチャンスだと再び攻撃を促すが、しかし襄公はフェアーではないとして攻撃にかからない。そうこうするうち陣形を整えた楚が一気に攻め寄せると、宋はあっけなく敗北し、襄公もその時の傷がもとで世を去った。

無用の情けや過剰な親切心を発揮し、そのことで逆に自分が大きな被害を受けることを、「宋の襄公の思いやり」という意味で「宋襄《そうじょう》の仁《じん》」とよぶ。学校の道徳でも、現実の社会にはめったに存在しない「美談」や「美徳」を教えるより、「宋襄の仁」の故事を教える方が、子どもたちの将来にはよほど役に立つと私は思うのだが、いかがなものであろうか。

「香」にうるさかった西太后

二〇一八年八月二十六日

清朝第十代皇帝として五歳の幼児が即位し、「同治帝」となった時、玉座の後ろに垂らされた御簾《みす》の向こうには、咸豊帝《かんぽうてい》の皇后だった慈安《じあん》皇太后と、その側室だった慈禧《じき》太后が控えていた。慈安皇太后は後宮内の東側に暮らしており、慈禧太后は西に暮らしていたので、それぞれ「東太后」と「西太后」とよばれた。この西太后が、ほかでもなく清朝末期に強大な権勢をふるい、ついには清を滅亡にまでいたらせた張本人とされる人物である。

西太后は極端なまでに贅沢を追求した権力者であった。北京西北郊外に今も威容を誇る壮大な離宮「頤和園《いわえん》」には西太后にまつわる遺物が数多く保存されているが、贅沢もここまでくると感嘆の対象になることの、まことにわかりやすい見本である。

もう写真があった時代だから、正装に身をつつんだスナップが何枚も残っているが、写真で見る西太后は見るからに強欲そうな顔つきで、それが宮殿の花園で宦官と侍女に囲まれ、観音様の格好をして遊んだりしているのだから、近ごろの若者のことばでいえば、「マジで超むかつく」光景である。

食事時の撮影などは許さなかっただろうから、グルメで知られた彼女の食事は写真に残っていないが、宮殿で椅子にすわっている写真は何枚も残っていて、よく見ると西太后がすわっている横や後ろには、かならずといっていいほど、大皿に山盛りの果物が置かれている。

果物はリンゴか桃のように見えるが、これは食べるためではなく、西太后がいつも新鮮な果物の香りで包まれるようにとの配慮から置かれたものだった。これを「香果《シアングオ》」というが、果物は時間がたてばだんだん香りがなくなる。それで西太后のまわりに置かれるフルーツは、日に五〜六回も取り換えられた。西太后は香りに非常に神経質だったらしい。

香りは居室の雰囲気を左右するだけでなく、喫茶や食事の楽しさにも大いに影響をあたえ、特にお茶や日本酒、あるいはワインでは香りのよしあしが評価を大きく左右する。

「香」という漢字を分解すると《禾》と《曰》になるが、《禾》は「黍」（穀物のキビ）の、《曰》は「甘」（あまい・うまい）の省略形であり、この字はもともと「キビで作った酒からたちのぼるいい匂い」という意味であった。それがやがて、酒だけでなくさまざまなものから生じるいい匂いを一般的に意味するようになっていった。

人生を楽しくする香りは、実は酒から発するものなのだった。

講談師の「閑話休題」

二〇一八年九月二日

「それはさておき」という意味で使う、「閑話休題」という表現がある。しばらく前までは雑誌の記事や随筆などによく使われたものだが、今はかなり古めかしいいい方となっているようで、若い世代の中には聞いたことがないという方もおられるかもしれない。

かつての中国の寄席では、大衆向け娯楽としてよく講談が演じられた。特に人気があったのが、国が三つの地域に分かれ、曹操《そうそう》や諸葛孔明《しょかつこうめい》など多くの英雄が入り乱れて抗争を繰り返した『三国志演義』であり、「演義」とは「軍記物」ということである。

熱狂する聴衆を前に、講談師は話に熱が入りすぎて脱線し、台本にないアドリブをはさむことがあった。聴衆はやんやの喝采だったが、話が脱線しすぎた時に、講談師は「閑話休題、言帰正伝」（閑話は題するなかれ、言は正伝に帰さん）という表現で、話を本筋にもどした。それが「閑話休題」のルーツで、「休」は口語で「〜するなかれ」という禁止命令、「題」は「提」と同音の文字で「話題を提起する・話を口にする」ことをいう動詞である。

「閑」という字は、日本語では「有閑階級」とか「閑人《ひまじん》」などと、時間的に切迫しておらず余裕があることをいい、また「森閑」とか「閑寂」など「のどかである」という意味にも使われる。岡山県備前市《びぜんし》に、江戸時代に開設された、庶民でも入学できた学校では日本最古の「閑谷《しずたに》学校」があるが、その名称で「閑」を「しず」と読んでいるのも、この「のどかである」意味の延長線上にある。

いっぽう中国語では「閑」は時間や空間の形容だけに限定されず、もっと幅広く余裕やゆとりがあることをあらわし、転じて、それほど重要でない、あるいは本質的ではない、という意味をもあらわす。

中国語で「閑話」といえば無駄話・おしゃべりのこと、「閑人」は「無関係の他人」という意味である。「立入禁止」という意味の掲示を中国語で「閑人免進」と書くのがそのもっともわかりやすい用例で、この場合の「閑人」は「ひまじん」ではなく、「無用の者・部外者」という意味である。

本題からそれた「閑話」（無駄話）から「正伝」にもどる時に使えた「閑話休題」が死語になりつつある今、「さて余談はさておき、話を本筋にもどしましょう」と長々といわなければならない。いやはや面倒なことである。

坊っちゃんを辟易させた「硯」

二〇一八年九月九日

あるパーティで会った高校の大先輩にあたる方から、「貴殿の同僚である○○君はボクの『すずりとも』でねぇ」とつげられた。なに? とちょっと考えてから、あぁ、硯友《けんゆう》のことか、とわかった。「硯」という漢字はふだん訓読みの「すずり」しか使わないから、「かつて寺子屋でいっしょに勉強した幼なじみ」という意味をあらわす「硯友」を、訓読みで読まれたようだ。ちなみに「硯」は《石》で意味を、《見》で発音をあらわす構造の漢字で、音読みは「ケン」である。

毛筆で文字を書くには筆と墨と硯と紙が必要で、この四種類の道具をかつて「文房四宝《ぶんぼうしほう》」とよんだ。それは中国でも日本でも、書道芸術の発展とともに審美的な鑑賞にたえる高級工芸品として文人たちからおおいに珍重され、さまざまに贅をつくしたものが作られたが、しかしもとをただせば、しょせんは文字を書くための道具にすぎない。

ちなみに今発見されている最古の文房具は、西安近くにある姜寨《きょうさい》遺跡から発見された、紀元前四〇〇〇年前後の硯（パレット?）で、大きな石の中央に直径七センチ、深さ二センチほどのくぼみがあり、顔料をすりつぶす石棒がついていた。

硯とは煤《すす》を練り固めた墨を磨りおろすための石（屋根瓦から作ったものや陶器製のものもある）だが、「文房四宝」をめぐる芸術では、石の産地や表面に施された彫刻などによってさまざまに評価される。中でも広く知られた有名なものに、広東省肇慶《ちょうけい》市近くを流れる「端渓《たんけい》」流域に産する石で作った「端硯《たんけん》」がある。

端硯は漱石の『坊っちゃん』にも登場する。教師として松山に赴任した坊っちゃんがはじめ下宿した宿は骨董屋を営んでおり、主人はことあるごとに坊っちゃんのところに顔を出し、骨董品を売りつけようとした。

ある時は鬼瓦ぐらいある大きな硯を持ちこんで、「これは端渓です、端渓ですと二遍も三遍も端渓がるから、面白半分に端渓た何だいと聞いたら、すぐ講釈を始め出した」。辟易《へきえき》した坊っちゃんが値段を聞くと、主人は「お安くして三十円にしておきましょう」と答えた。その時坊っちゃんの月給は四十円だった。

そんな驚くほど高価な硯を使っても、別にそれだけで字が上手に書けるわけではない……という愚見は、芸術無縁の無粋者からの妄言と読み流していただければ幸いである。

病が入る「膏肓」とはどこか

二〇一八年九月十六日

　どのようなものであれ、個人が趣味で楽しむことは、家族や友人に迷惑をかけない程度ならかまわないが、それが極度に嵩《こう》じた場合には、ひどい時には身の破滅につながることまである。知人の親戚に、朝から晩までずっと通販で買い物をしている人がいるそうで、深刻な顔つきで、ちょっと悲惨なことを話していた。

　いつのころからか、ものごとに過度に熱中することを「はまる」というようになった。漢字では「嵌まる」と書かれるようだが、もともと「はまる」とは低いくぼみや穴に落ちることをいう動詞で、その派生的な使い方として、なにかに夢中になったあまり、身動きが取れないほどの状態になることを意味するようだ。

　このような状況を、かつては「病　膏肓《こうこう》に入《い》る」と表現した。

　話は春秋戦国時代のエピソード集『春秋左氏伝』（成公十年）に見える。

　中国中央部にあった大国晋《しん》の景公が病気になって、しばらく伏せっていたが、一向によくならないので、隣国の秦から評判のいい医者をよび寄せて、診《み》させることとなった。

その医者が来る前の夜に、景公は夢を見た。夢の中に二人の子どもが現れて、なにやら相談をしている。聞けば二人は「病の精」であり、まもなく秦から来る名医に自分らは退治されてしまうかもしれないが、しかし体内の「肓の上、膏の下」に逃げこめば、そこへは鍼《はり》も届かず、薬も効かないので、今すぐそこへ逃げこもう、と病の精は相談した。

夜が明けて秦からやってきた医者はさっそく景公を診察し、やがて浮かぬ顔で、「殿様の病は、肓の上、膏の下に入りこんでおり、その部分はどのような方法でも治療ができません」と告げた。

医者の見立てが夢に見た通りだったので、景公は彼をうわさ通りの名医とたたえ、自身の病気も忘れ、多くのほうびをあたえて帰国させたという。

その話から「手のつけようがない病状」を「病　膏肓に入る」という。膏肓は漢方医学の用語で、体内のもっとも深いところにあって鍼が届かないツボのこと。胸と腹の境目にあるそうだが、今ならそこに病巣があっても、ＭＲＩで簡単に見いだせることだろう。

景公は生まれた時代が悪かったようだ。

「雁」が縁談を橋渡し

二〇一八年九月二十三日

男と女は、しかるべき年齢になると結婚して家庭をもつのが世の常である。もちろん生涯にわたって独身で暮らす人もたくさんおられるし、近年では同性のカップルがともに暮らすありかたを婚姻と見なすことをめぐって、世界の各地で議論されている。

若いころに結婚しても不幸にして配偶者に先立たれたり、あるいは性格の不一致などの原因で離婚したりする人も珍しくない。また世の中には離婚と結婚を繰り返す人もいる。しかし大多数の人々にとっては、結婚が人生における最大のイベントであることは、昔も今も変わらないといっていいだろう。

周という時代の官職制度を記すとされる儒学の経典『周礼《しゅらい》』によれば、古代中国には男女の結婚を一手にとりしきる「媒氏《ばいし》」という役人がいた。いわば仲人担当の官職で、その時代では貴族の家に子どもが生まれれば、三カ月たった時に、子の名と生年月日を書いて媒氏に届けることとなっており、媒氏はそのリストにもとづいて縁談をアレンジし、「男は三十にして娶《めと》らしめ、女は二十にして嫁《とつ》がし」めたという。

もちろんすべての人がこの通りに結婚したとは思えない。しかし過去の中国（および日本）では、結婚する二人が事前に見あいや対面の機会すらあたえられず、もっぱら仲人による双方の紹介だけで婚姻が成立するのが一般的な形態だった。

古代中国での結婚の手順について記した文献によれば、結婚式にいたるまでには六種類の繁雑な儀式が設定されており、それを「六礼《りくれい》」とよんだ。

ある家の男子が適齢期に達すると、その家はまず仲人を依頼して、しかるべき娘のいる家に縁談の提示におもむいてもらう。これが「六礼」の第一段階である「納采《のうさい》」で、この時に女側に向かう仲人は、生きた雁《かり》を手土産として持参した。雁はもちろん食用で、これ以後の結婚に関する儀式においてこの鳥がしばしば贈り物として使われるのだが、それは雁が季節の陰陽の変化にしたがって往来する渡り鳥であって、だから男（陽）と女（陰）の間の橋渡しに最適だからとされる。

それに対して日本の慶事では鯛《たい》という魚が使われるが、それはこの魚の名前が「めでたい」に通じるからにすぎない。雁にいくらかは高尚な理屈があるのに対して、鯛は単なるだじゃれなのが、なんとも悲しい話である。

「弘法の筆」の達人技

二〇一八年九月三十日

西暦七七四年に今の香川県に生まれた少年が、長じてのち留学僧として唐に渡り、やがて高野山に金剛峯寺を開いて、唐から真言密教を日本にもたらした。いうまでもなく弘法大師空海だが、空海といえばその宗教的偉業だけでなく、嵯峨天皇、橘逸勢《たちばなのはやなり》とともに「三筆」と称せられる書の達人でもある。彼の書は王羲之《おうぎし》と顔真卿《がんしんけい》の影響を強く受け、楷書や行書のみならず、篆書《てんしょ》や隷書までよくしたとされ、唐にいた時からすでに能書家としての名声を博していた。彼が書いた真跡は多く残っており、最澄にあてた手紙「風信帖《ふうしんじょう》」など数点が国宝に指定されている。

そんな空海について、「弘法も筆のあやまり」ということわざが作られている。これは『今昔物語』（巻十一）に見える、次の話にもとづいている。

勅《ちょく》（天皇の命令）に「早《と》く皇城の南面の諸門の額を書くべし」と。然れば、外門の額を書き畢《おわ》りぬ。應天門《おうてんもん》の額、打ち付けて後に是を見るに、初の字の点既に落失《おちうせ》たり。驚きて筆を

抛《な》げて点を付く。かたへの人、是を見て、手を打ちて是を感ず。（テキストに若干の整理を加えた）

ある時空海は、宮殿の南側に位置する應天門の上に掲げる額を書けとの命をうけた。命をあたえたのは空海とともに三筆に数えられる嵯峨天皇だから、さすがの空海もいささか緊張する仕事だったのだろう、彼は命にこたえて「應天門」という三文字を書いたのだが、「初の字」つまり最初にある「應」（＝応）の一番上にある点をうっかり書き忘れた。《广》（まだれ）であるべきところが《厂》（がんだれ）になっていたのだが、空海は額が門上に掲げられてからはじめてその誤りに気づいた。凡人ならあわてふためいて、額を下ろしてもらうところだが、しかし空海は門にかけられた額に向かって、下から筆を投げて点を加え、誤字を修正したという。

「弘法も筆のあやまり」ということわざは、どんな名人でもたまには失敗することもあるという、凡人にはまことにうれしい意味で使われるが、達人空海は誤字を書いてしまったあともあわてず騒がず、曲芸まがいの技量で誤字を修正した、というわけだ。

なお應天門は桓武《かんむ》天皇を祭る平安神宮の正門として復元されているが、そこにはもちろん「應天門」と、ちゃんと正しく書かれている。

「酒」飲みの自己弁護

二〇一八年十月七日

クリスマスはワイン、正月は屠蘇《とそ》、春は花見、夏は夕涼みのビールと、私たちは年中なにかにことよせて酒を飲んでいる。そしてもちろん、名月が美しく照り映える秋の夜更けには、静かに飲む日本酒がふさわしい。

世間には生理的にアルコールをまったくうけつけない人がいるし、またアルコールに依存していなければ生活できない人もいる。中には酒では失敗したり、まわりに迷惑をかけたりした苦い経験を持つ方もおられるだろうが（私も決して人のことはいえないのだが）、適度な飲酒は爽快な気分をもたらしてくれる、楽しい行為ともいえるだろう。

過度の飲酒は時には命を奪うし、長期にわたるアルコール摂取が生活習慣病の直接の原因になる、と医師からしばしば警告される。しかしそれでも、酒を愛好する者は、適当な量の酒は食欲を増進させるし、健康にとって有害ではないと主張する。そしてその時に彼らが論拠とする強い味方が、「酒は百薬の長」という成語である。

これは前漢の歴史を記した『漢書《かんじょ》』の中の、「食貨志《しょくかし》」（経済関係の記録）という部分に見えるのが最初である。

前漢末期の皇后の父親となった王莽《おうもう》は、陰険な手段を弄して権力を一身に集め、やがて皇帝の位を奪ってみずからの王朝「新」を建てた。そのころ、塩と鉄と酒は国家による統制販売がおこなわれていたが、背後で官吏と大商人がグルになって価格をつりあげていた。そこで王莽はその状況を打開するために命令を出し、その円滑な流通を命じた。

その命令の出だしの部分に「それ塩は食肴《しょくこう》（食べ物）の将なり。酒は百薬の長にして、嘉《よ》き会の好《よしみ》なり。鉄は田農の本なり」という文章がある。これが酒飲みたちがいつも飲酒にあたえる最大の弁護として拳々服膺《けんけんふくよう》する成語の出典であるが、しかし塩と鉄については一句しか述べられていないのに、酒に対してはご丁寧に二句も費やされている。あるいは王莽も酒が好きだったのだろうか。

そういえば、これに先行する家臣の文章にも「酒は天の美禄《びろく》にして、帝王の天下を養うゆえん」とか、「百礼の会は酒あらざればおこなわれず」とか、やたらと酒をたたえる語句がちりばめられている。

「左党」（酒飲み）たちが酒の弁護にはげむのは、昔も今もかわらないようだ。

おそろしき「象牙の箸」

二〇一八年十月十四日

まことに不名誉な話だが、ワシントン条約で象牙の国際取引が禁止されるまで、日本は世界でもっとも多く象牙を輸入する国であった。象牙にはほどよい吸湿性があって手になじみやすく、硬度も工芸品を作る素材として最適だから、かつて日本では印鑑や三味線の撥《ばち》、あるいは薬などを作る素材として大量に輸入され、加工された。

そんな象牙を使った工芸品は、非常に古い時代から世界の権力者や富裕な者たちを魅了してきた。中でも東アジアでもっとも早く文明が開けた中国での象牙の愛好は世界的にも比類ないもので、驚くべき精緻な工芸品が今も数多く残っている。

象牙の愛好については、殷王朝最後の王となった紂《ちゅう》にも有名な話がある。

戦国時代の書物『韓非子』によれば、紂がある時象牙で箸を作らせた。その紂の叔父に、箕子《きし》という人物がいた。箕子は賢者としてのほまれが高い人物で、紂の奢侈な生活を何度も諫めたのだがまったく聞き入れられず、それどころかついには紂に幽閉されることにまでなるのだが、紂が象牙の箸を作らせたのを見た時、箕子は心からふるえあがったという。

象牙の箸で食事をするようになれば、それまで使っていた粗末な土器の茶碗ではもの足りなくなり、きっと玉《ぎょく》で食器を作らせることだろう。そして「象箸玉杯」で食事するようになれば、中に入れる食品だって贅沢で珍奇なものになるだろうし、そうなればそれを食べる時の服装にも凝りだすことになるだろう。さらに食事をする場所も、ワラブキの家ではなくて豪華な宮殿で、ということにもなるにちがいない。箕子はそう考えて、象牙の箸は単にちょっと贅沢な食事用具というだけにとどまるものではなく、最終的には莫大な浪費と国家の破滅につながる、諸悪の根源であると考えたわけである。

ずいぶん昔の話だが、ある年の年末にたまたま勤め先の近くで有名ブランドのバーゲンがあったので、思い切ってコートを新調した。私は服装にはまったく無頓着な方なのだが、それでもよれよれのコートが新しいものに変わると、今度は靴がみすぼらしく感じられた。それで靴を奮発した。こうしてコートと靴がおニューになると、必然的にネクタイが気になる。そしてその次はもちろんスーツだ……さすがに家に手を加えることまではせず、殷の紂王にくらべるとなんとも規模の小さい話ではあったが、それでもそれは私なりに、「象牙の箸」を地でいく話となった。

「偕老同穴」という生き物

二〇一八年十月二十一日

「カイロウドウケツ」という名前の生き物がいると知った時は驚いた。

モノの本によれば、それはカイロウドウケツ科の海綿動物で、直径一〜八センチ、長さは三十センチから長いものでは六十センチ以上にも達し、色は白からうすい黄色、まるで竹で編んだカゴのようにきれいな形をしていて、深海の砂に直立しているそうだ。

この名前のもとになったのはいうまでもなく、夫婦が仲良く暮らし、死後は同じ墓に入りたいと願うおなじみの四字熟語「偕老同穴」である。今も結婚披露宴などでよく耳にする「偕老同穴」といういい方は、本来は『詩経』の「撃鼓《げきこ》」という詩に「子の手を執《なんじ》りて、子と偕《とも》に老いん」とある句と、同じく『詩経』の「大車《だいしゃ》」に「穀《い》（＝生）きてはすなわち室を異にすとも、死してはすなわち穴を同じうせん」とあるのをつないだ表現である。最近では墓を作らず、死後は灰を山や海に撒《ま》くことを希望する人もいるが、しかしこのことばは夫婦の永遠の愛を表現するものとして日本でも古くから使われ、さらに庶民レベルでは「お前百ま

で　わしゃ九十九まで　ともに白髪の　生えるまで」という都々逸《どどいつ》に詠われたりした。
この夫婦仲のうるわしさをたたえることばが、深海に暮らす生物の名前に使われるようになったのは、その生物の竹カゴ状になっている部分に「ドウケツエビ」という体長二〜三センチのエビがかならず二匹入っているからだという。このエビは幼生時代にカイロウドウケツに入りこみ、そのままずっと外へ出ることがないそうだ。エビはオスとメスが一対になっていて、二匹のエビが死ぬまでそこでいっしょに生活することから、その「住みか」である竹カゴ状の生物を「カイロウドウケツ」と名づけ、さらにエビを「ドウケツエビ」と名づけた、というしだいである。

カイロウドウケツに暮らすエビは、オスだけとかメスだけのペアはないという。いったいなぜそうなるのかと不思議に思って調べてみると、ある本に面白い説明が載っていた。ドウケツエビは、カゴの目を通って中に入る幼生時代にはまだオスとメスが分化しておらず、中に入ってから強い方がオス、弱い方がメスになるのだそうだ。

もしも死後に生まれ変わることができるものならば、次はぜひともドウケツエビに生まれ、「カイロウドウケツ」に入ってみたい。その時に自分がオスになるか、それともメスになるか、考えるだけでも楽しいことではないか。

読んで読んで「韋編三絶」

二〇一八年十月二十八日

現存する最古の漢字である「甲骨文字《こうこつもじ》」はだいたい紀元前一三〇〇年くらいから使われているから、そこから数えれば漢字の歴史は三千年を少し超えている。いっぽう漢字を書くのに使う紙が発明されたのは、発掘の結果ではだいたい紀元前一〇〇年前後と考えられるから、漢字は紙がない時代にも一千年以上もの時間にわたって使われていた。では紙がまだなかったころには、漢字はいったいなにに書かれていたのだろうか?

紙の前に中国で、文字を書くのにもっともよく使われたのは竹か木を削った札で、それを「簡」とよぶ。「書簡」ということばはその名残で、実際に遺跡から発見されるものでは、サイズは長さ二十三センチ（秦から漢の時代の一尺）、幅が五ミリから一センチ前後だった。竹で作られた札を「竹簡《ちっかん》」、木で作られたものを「木簡《もっかん》」という。

簡一本に書かれる字数は、もちろん文字の大きさにもよるが、一般的には二十字から四十字くらいだった。もっとたくさん書きたければ両面に書けばいいし、あるいは札を長くすればいいのだが、しかしどんなに長くしても書ける字数には限界がある。だから一本の簡に書ききれない時には何本かに書き、それを順番に並べて紐で綴《つづ》りあわせた。

ちょうど巻き寿司を作る時に使う「巻きす」のような形になるのだが、これが中国での書物のもっとも古い形で、その形から「冊」という漢字ができた。こうして作られた書物は、一方の端からクルクルと巻いて保管された。これが一「篇」で、「篇」に竹カンムリがついているのは、もともと竹を素材としたことによる。それがのちに絹や紙に文章を書くようになり、それを呉服の反物のように巻いたものを「編」という字であらわした。

ある書物を何度も繰り返して読むことをいう「韋編三絶《いへんさんぜつ》」も、このような書物の作り方から出た表現であった。孔子は『易《えき》』を読むのを好み、何度も何度も読んだために、木簡（あるいは竹簡）を綴じていた紐がしばしば切れたという。これが「韋編三絶」の故事（『史記』孔子世家に見える）で、「韋」とはなめし革のことである。

孔子は愛読していた『易』を、通常の麻紐ではなく、丈夫ななめし革で綴じていたのだが、それでも「韋」が三度もすり切れたというのだから、よほどよく読んだのだろう。ただしこれはあくまで伝説で、実際に発見される遺物は麻紐で綴じられていて、なめし革で綴じられた書物が発見されたことはまだ一度もない。

「杞憂」の裏に敗者の屈辱

二〇一八年十一月四日

昔々の中国に杞《き》という国があって、そこに「もしも大地がくずれ、天が上から落ちてきたらどうしようか」と毎日悩み、心配のあまり食べるものもまったくのどを通らず、やせ衰えた者がいた。そこである人が「地面は土が固まってできているのでくずれないし、空は気がぎっしりと重なりあっているので、落ちてくることなどありえない」と説明してやると男はようやく安心し、普段の生活に戻ったという。この話から無用の取り越し苦労をすることを、杞の国の人の心配ごとという意味で「杞憂《きゆう》」というようになった。

この有名な話は戦国時代の思想書『列子《れっし》』（天瑞）という書物に見えるのだが、さてこの主人公はいったいなぜ「杞」の国の住人なのだろう？　「杞」という国は、日本ではもちろんのこと、中国でもほとんどの人が知らない無名の小国である。なにもそんな国を舞台にしなくても、その時代には晋《しん》や斉《せい》など、もっと大きくて有名な国がいっぱいあったし、だれでも知っている国の話にしたほうが広く世間に流布したにちがいない。

ところがそうは問屋がおろさず、話の主人公は特定の国の人でなければならなかったのである。

今の河南省開封《かいほう》の近くにあった杞は、夏《か》という王朝が滅亡したあとかなりのちに、夏の子孫を移住させて作った国である。その夏を倒した殷《いん》も、末期に暴君が現れたので周に倒されたが、周は殷の子孫を皆殺しにはせず、宋《そう》というところに土地をあたえ、そこで祖先に対する祭りを継続させた。その時代には、自分を祭ってくれる子孫をもたない霊魂は現世にたたりをもたらすとの迷信があって、それで周は殷の王族の末裔を宋に集めて、先祖の祭りを継続させ、その時に、殷の前の王朝であった夏の直系の子孫たちもある土地に移住させられた。そこが「杞憂」の主人公の国だった。

夏や殷の王族の子孫は、ただ祖先の祭りを継続するためだけに生きのびさせられた。杞や宋に暮らすかつての王族の子孫たちは、「負け犬」としての屈辱に耐え、勝利者である周から嘲笑されながら、ほそぼそと祭りを続けるだけであった。

切り株にぶつかったウサギを手に入れてから、仕事もせず切り株の番をしていた「待ちぼうけ」の話は「宋の人に田を耕す者あり」という文ではじまる。笑い話の主人公は、笑われる土地の人でなければならなかったのだ。

「鹿鳴館」は中国最古の詩集から

二〇一八年十一月十一日

「集中講義」という、四日間ぶっ通しの仕事で山口大学へ出かけたら、先方がありがたいことに、宿舎に湯田温泉の旅館を手配してくださった。講義から帰ってきたら温泉があるというのは至福の環境であって、大学から宿舎にもどったあと、ちょっと時間があったので湯田温泉の街中を散策していると、駅近くの公園に銅像が建っていた。

おや、だれだろうと近寄って見ると、山高帽を脇に置き、フロックコートを着てステッキを手にした明治の元老井上馨《かおる》がそこにいた。歴史の教科書にも登場するこの有名人は、等身大の銅像では、えっと思うくらいに小柄だった。

長州藩士の子としてこの地に生まれた井上馨は、高杉晋作らとともに倒幕派として活躍、維新政権樹立後は要職を歴任し、伊藤博文・山県有朋とともに長州出身の明治三元老の一人として政界に君臨した。

井上はとりわけ外交面に力を発揮し、不平等条約改正のために欧化政策を採用した。そのもっとも顕著な例が一八八三（明治十六）年に建てられた鹿鳴館《ろくめいかん》で、当時の金額で十八万円という巨費を投じて作られた華やかな欧風建築では、各国の外交官や「上流階級」の人々が、連日のように開催される舞踏会や音楽会に招かれた。

鹿鳴館は今の帝国ホテルの東側にあって、日比谷公園（当時は日比谷練兵場）に面していた。設計者はお雇い外国人で、工部大学校教授でもあったイギリス人ジョサイア・コンドル。コンドルはまた、駿河台ニコライ聖堂の設計者としても名を残している。

鹿鳴館では欧風の調度があちらこちらに設けられた部屋に、当時のトップファッションだった洋装の男女が集まって、うわべだけの西欧化が進められたが、しかしその名を「鹿鳴館」と名づけたことに象徴されるように、それはあらゆる意味で、東洋の伝統的文化の枠から脱しきっていなかった。

「鹿鳴」は中国最古の詩集『詩経』にある詩の篇名で、詩の中に「われに嘉《よ》き賓有り、瑟《しつ》を鼓し笙《しょう》を吹き、笙を吹き簧《こう》を鼓す、和楽しかつ湛《たの》しむ、我に旨《うま》き酒有り、以て嘉賓の心を燕《えん》楽《らく》せしめん」という一節があることから、大切な客をもてなす歓迎の音楽とされた。だがその名前をつけた西洋建築に招かれた「嘉き賓」は、漢字が読めない外国人と、欧風ファッションをぎこちなく身につけた日本人だったのである。

勤労の「労」の本来の意味

二〇一八年十一月十八日

年配の方なら覚えておられるだろうが、昔の小学校には、背中に薪を積みあげ、うつむいて歩きながら本を読んでいる少年の像があった。少年の名は二宮金次郎、後に農学者として大成する二宮尊徳である。

金次郎は十七歳の時、田植えであまった苗を空き地に植え、それを育てて米一俵を収穫することに成功した。こうして彼は「小を積んで大を為す」経験を身につけ、のちに農学者となって農業の発展に尽力したという。

尊徳の話の中心には、勤労と向学心という二つの美徳がある。この美徳は今の日本でも決して輝きを失っていないはずだが、今の小学校に二宮金次郎はいない。

生活にゆとりを、という主張が浸透したからだろうか、最近の日本の一部には、歯を食いしばってがんばる姿を「ダサイ」とか「カッコ悪い」ととらえる風潮があるように見うけられる。しかし国民が汗をかかずに、楽ばかりしながら生きている国があるとすれば、その国はほどなく滅びるにちがいない。

「労」（本来の字形は「勞」）は二つの《火》と《冖》（家の屋根）と《力》からできており、その解釈にはいくつかの説があるが、一説に屋根が火で燃える時に人が出す「火事場の馬鹿力」の意味から、「大きな力を出して働く」ことだという。だが「労」の本来の意味が緊急時における働きであったとしても、豊かな社会を作るための基本が額に汗する平素の勤労であることにかわりはない。

ところで実際の二宮尊徳は、身長百八十センチ、体重九十キロの巨漢だった。尊徳像がもし農学者として大成してからのものだったら、それは江戸時代の人とは思えないほど大きかったはずである。

尊徳像が小学校から姿を消しつつあった時代に、繁華街の街角でフライドチキンを売る店の前に、メガネをかけ白い服を着てにこやかに笑っているアメリカの巨漢像が出現した。クリスマス商戦がはじまれば、この像が立つファストフード店でも、多くの学生アルバイトが勤労に従事する。彼ら彼女らも考えようによれば、現代の二宮尊徳なのかもしれない。ただ繁栄を謳歌する時代の尊徳があまりに軽く、そしてほとんど本を読まないのが悲しいことではあるが。

中国には「鰯」がない

二〇一八年十一月二十五日

奈良時代の日本にはもう紙があったが、高価な貴重品だったから、役所間の連絡文書や、荷物の内容や送り主などを記す荷札には木簡（短冊状に削った木の札）が使われた。

そんな木簡が平城宮跡地などの遺跡から大量に発見されていて、うちの一枚に「鰯」という漢字が書かれたものがある。「鰯」は《魚》と《弱》を組みあわせ、「弱くてすぐ死ぬサカナ」という意味で作られた国字（和製漢字）である。

イワシは平城宮の前に都とされていた藤原宮跡から発掘された木簡にも登場しているが、そこでは「伊委之」と書かれている。「委」はニンベンをつけた「倭」の省略形と考えられ、それで「伊委之」を「いわし」と読む。もともと日本固有のモノや概念は、このように漢字の発音だけを使う「万葉仮名」式に書かれていたのだが、ある時期から専用の文字を作るようになった。その変化の背景には、漢字の学習が普及し、漢字による文書の作成が要求されたことがあるが、ではいったいどのような事物や概念が国字で表現されたのだろうか。

答えとしてすぐ思いつくのは、中国に存在しない事物である。漢字は表意文字だから、実際に存在しない事物について文字が作られるはずがない。

もちろん現代の中国人はイワシという魚を知っているが、しかしその魚は今の中国語では「沙丁」と書き、シャーディンと発音される。すなわち英語 sardine の音訳語であって、イワシをあらわす専用の漢字はこれまで中国では一度も作られたことがない。

古くから「地大物博」（国土は広く、物産は豊富である）と形容される中国だが、海産物はいささか貧弱であって、古代中国人のほとんどはイワシを見たことがなかった。

中国は東から南にかけて海に接するが、古代文明が栄えたのは黄河流域の内陸部で、一生海を見ずに世を去る人の方が圧倒的に多かった。それに対してわが国は四方を海に囲まれ、生活物資の多くを海から得てきた。中でも魚類は種類が非常に多く、資源としてもきわめて恵まれた状況にある。そんな日本人が食べるカツオやブリ、タイなどは古代中国の食生活に登場せず、見たこともない魚を表す文字が中国で作られるはずがない。だが日本ではその魚をあらわす漢字が必要になったので、「鰹」「鰤」「鯛」などを作ったというわけだ。

かくして寿司屋でおなじみの大きな湯飲みに書かれる魚ヘンの漢字は、そのほとんどが国字であるということになった。

今に伝わる「臥薪嘗胆」の剣

二〇一八年十二月二日

中国の戦国時代に長江の下流域、今の蘇州と紹興にあった呉と越の両国は、国境を接し、国の大きさもあまりちがわないので、ライバルとして死闘を繰り返した。

紀元前五世紀初頭に、越の王であった勾践《こうせん》が兵を進めて呉王闔閭《こうりょ》を戦死させた。闔閭の子であった夫差《ふさ》は、父の仇を忘れまいとして薪《たきぎ》の上で寝るという苦行をしながら軍備をととのえ、二年後に宿敵越を攻めた。夫差の軍に包囲された勾践は和議を乞うて命からがら逃げ帰り、それからは毎日苦い肝《きも》を嘗《な》めてはその屈辱を思い出し、やがて呉に攻めこんで積年の恨みを晴らした。『史記』をはじめいくつかの文献に記される、この血で血を洗うような復讐物語を「臥薪嘗胆《がしんしょうたん》」という。

日本でも昔からよく語られたこの故事が、半世紀ほど前、突然現代によみがえった。

一九六五年に、湖北省のある墓から一振りの銅剣が発見された。長さ約五十六センチの剣は、墓の中でも鮮やかな光を放っており、鍔《つば》の近くには鳥を図案化した装飾的な字体で、

「越王勾践、自作用剣」と記されていた。それは「臥薪嘗胆」物語の主人公の一人である越王勾践が実際に作らせたものだったのである。

もともと呉や越の地域は名剣の生産地で、名剣にまつわる話が多く伝えられている。剣作りの名匠として、越には欧冶子《おうやし》、呉には干将《かんしょう》と莫邪《ばくや》という夫婦がいたといわれ、今は大観光地としてにぎわう蘇州の名園「虎丘《こきゅう》」にある「試剣石」は、干将と莫邪が作った剣の切れ味を試したものであるという。またその庭園の名前を「虎丘」というのも、一説によれば、そこにあった呉王闔閭の墓に名剣三千本が埋められているとの話を聞いた秦の始皇帝が、墓をあばいて剣を取りだそうとしたところ、虎が出てきて始皇帝を妨害したとの伝説から命名されたという。

ところで勾践は紀元前四六五年に没したとされるから、だいたい今から二千五百年ほど前の人である。伝記資料の豊富な中国ではその時代に生きていた人の事績がある程度詳しくわかり、ほかにはエジプトやギリシャ・ローマ、ペルシャ、インドなどもそうだが、その他の国や地域では、日本を含めて当時の人はほとんどだれ一人として、名前すら知られない。

中国ではそんな時代の人物が実際に使っていた道具が、土の中から完全な形で出現する。思えばそれは、奇跡といっても過言でない、まことに驚くべき話なのである。

君子「輾転反側」し淑女求む

二〇一八年十二月九日

どなたにも経験があることだろうが、布団に入ったまま寝つけない、というのは実につらいものだ。特に翌日早起きしなければならないという時にかぎって寝つかれないことが多く、そんな時はますますあせって一晩中寝返りをうちつづけ、ふと気づけば夜が白んでいるということとすらある。

ゴロゴロと寝返りを打つことを、漢文式の表現では「輾転反側《てんてんはんそく》」という。かつて中国古典に関する知識が必須の教養であった時代には、このことばが普通の小説などにも登場したものだが、最近ではよほどの漢文通でなければわからないし、漢字を目で見ても、なかなか意味がわからないことばになっている。

「輾転反側」は中国最古の詩集『詩経』の、それも冒頭の詩に見えることばだから、ちょっと中国の古典をかじったことがある人なら耳に覚えがあることばとなっている。

そもそも『詩経』とは、もともと三千以上もあった詩歌の中から、孔子が民衆の教化に役立つものを三百篇あまり選んだものとされ、それぞれの詩にはどのような状況のもとに作られ、どのように人民の教化に役立つかについての、もっともらしい理屈がつけられている。

その『詩経』の最初に「関雎《かんしょ》」という詩があって、それは川の中州で夫婦仲むつまじく暮らしている鳥を詠い、そのことから君子とその伴侶ののぞましいありかたを表現する詩である、と説明されてきた。

「輾転反側」はこの「関雎」の一節に見える表現で、伝統的な解釈では、君子はいつも「窈《よう》窕《ちょう》たる淑女」（しとやかなお嬢さん）をパートナーにしたいと思い、「寤《さ》めても寐《ね》ても之を求」めているのだが、しとやかな「淑女」などそうそう簡単には見つからない。それで「これを求むれども得ざれば」、若君は一段と思いをつのらせて、いつも「輾転反側」しておられる、ということになる。

輾転反側する若君は、君子にふさわしい女性をさがし求めておられるらしいが、私だって若いころからずっと、「窈窕たる淑女」を求めて輾転反側し、寝つけぬ夜をすごしてきた。そしてそれは決して私ひとりではないだろう。ということは、私たちだって君子の資格を持っている、ということになるのではなかろうか。

そう考えると、孔子はなかなかいい詩を選んでくれたものだ、と感謝したくなる。

「白眼」と「青眼」

二〇一八年十二月十六日

『徒然草』第百七十段に、次のような一節がある。

さしたる事なくて人のがり行くは、よからぬ事なり。用ありて行きたりとも、その事果てなば疾《と》く帰るべし。（中略）同じ心に向《むか》はまほしく思はん人の、つれづれにて、「今しばし、今日は心しづかに」など言はんは、この限りにはあらざるべし。阮籍《げんせき》が青き眼《まなこ》、だれもあるべきことなり。その事となきに人の来《きた》りて、のどかに物語して帰りぬる、いとよし。

大意は、たいした用もないのに他人を訪問するのはよくないことだ。もし用があっても、それがすんだらすぐに帰るべきだ。ただし気の合う友人が、今日はもう少しゆっくりしたいというなら話は別である。かの阮籍のように友人をこころよいまなざしで出迎えることは、だれにだってある話で、特別の用もないのに友人がのんびりと話しこみにくるのは実にいいものだ、というくらいであろうか。

ここに「阮籍が青き眼」という表現がある。阮籍は中国・三国時代（三世紀）の詩人で、権謀術数入り乱れる社会と、形骸化した儒教社会を批判し、偽善的な世間とまじわりを絶ち、竹林にこもって酒と詩と音楽に明け暮れる自由な生活を送った「竹林の七賢」の代表格である。彼は世俗的な価値観をもった人を心から忌みきらい、そんな俗物がやってくるときわめて冷淡な対応をしたという。

阮籍の伝記（『晋書《しんじょ》』阮籍伝）によれば、母が亡くなった時、嵇喜《けいき》が儒学の正式な礼式にのっとって弔問にやってきたところ、阮籍は彼を「白眼」で迎えた。歓迎されず「白眼視」されて不愉快な思いをして帰ってきた嵇喜の話を聞いた弟の嵇康《けいこう》が、さっそく酒と琴を抱えて阮籍のもとを訪れると、阮籍は大いによろこんで、彼を「青眼」で迎えたという。

伝記に「よく青白眼を為す」と記されるように、阮籍は「白眼」と「青眼」を使い分けることができた。うちの「白眼」は不愉快な思いをした時の目つきだから、相手に対して白目をむくことと考えていいだろうが、それなら「青眼」とはなんだろうか。

李白に「将進酒」という詩があって、人があっという間に年をとって白髪になることを「朝は青絲《せいし》のごときに暮れには雪と成る」と詠む。若いころの髪が「青絲」（絲は糸）だというのだから、それは黒髪にちがいなく、この「青」は「黒色」という意味で使われている。「青眼」は「黒眼」であり、つまり阮籍は普通の目つきで友人を迎えただけだった。

「蒲鉾」と因幡の白ウサギ

二〇一八年十二月二十三日

年末が近づくと、お正月用のカマボコがスーパーの店頭に並びはじめる。ふだんは脇役に徹し、料理の中心に位置することなどめったにないカマボコだが、正月のお重の中では、紅白のものとか、色あざやかな表面の上に「初春」などと縁起のいい文字を焼きつけたものなどが並んで、目を楽しませてくれる。

カマボコを漢字で「蒲鉾」と書くのは、白身魚のすり身を細い竹の棒に巻きつけて焼いた形がガマの穂に似ており、「蒲穂子」とよばれていたのがなまったものといい、また一説に、全体の形が武器の鉾《ほこ》に似ていたことに由来するともいう。その「蒲鉾」を焼いて、中心にある竹の棒を抜くと竹輪の形になる。

「蒲」はイネ目ガマ科ガマ属の多年草で、北海道から九州まで、池や沼などの水辺にいたるところに自生している。この植物について、いつも引きあいに出す中国最古の文字学書『説文解字』は、「蒲は水草なり。あるいは以て席を作る」と記す。ここにいう「席」は「敷物・

むしろ」のことで、古代中国ではガマやショウブなどの水草を編んでむしろを作ったり、屋根をおおったりしたという。

もちろん日本でも同じように使われたが、それ以外に日本では、ガマを生薬《しょうやく》として傷の治療に利用してきた。『古事記』に見える「稲羽之素菟」（因幡の白ウサギ）の話で、対岸の島に渡るために「和邇《わに》」（さめ）をだまし、その報復として毛皮を剝がれたウサギが苦しんでいるところに通りかかった大国主命《おおくにぬしのみこと》が、きれいな水で身体を洗い、蒲のほわたを敷きつめて、その上を何度も転がっていればお前の皮膚はきっともとのようにきれいになる、と助言しているのはそのためである。

この蒲の葉を集めて円形に編みこんだものが「蒲団《ふとん》」であり、寺院では僧侶が座禅をくんで修行する時に、下に敷くものとして使われた。今のことばでいえば「ザブトン」にあたるもので、板張りの床に直接すわるのは体が冷えるので、「蒲団」が使われたというわけだ。

この「蒲団」がのちに「布団」と書かれるようになったが、それは江戸時代に綿と布で作った夜着が一般的になり、それを蒲のザブトンと区別したからである。

ガマの葉から作った「蒲団」では、さぞかし寝心地が悪かったことだろう。

「宝」――宝石と酒と現金を置く家

二〇一八年十二月三十日

宝くじに当たることを、「全国自治宝くじ事務協議会」が作るホームページでは「当せん」と書いている。そもそも「宝くじ」ということばから交ぜ書き（漢字語の一部を仮名で書くこと）となっているのも、「籤《くじ》」が「表外字」（常用漢字表に入っていない漢字）だからである。そんな「くじ」に当たることを正しくは「当籤《とうせん》」というのだが、「籤」が表外字であるという理由によって、「当せん」と書かれている。ちなみに宝くじで当たったお金のことを「当選金」と書くのも、「籤」を同音の「選」で書き換えた結果である。だが「当選」とは選挙で選ばれることだから、宝くじの「当選金」は誤用であると私は思う。

昨今の年末ジャンボ宝くじでの当籤最高金額は、前後賞あわせて数億円になるらしい。私はめったに買わないけれど、世の中には突然こんな大金を手にする幸運な人もおられるのだろうなぁと、その季節になると、毎年のように不思議な感慨にとらわれる。

「宝」は古くは「寶」と書かれ、《宀》（家の屋根）と《玉》（ぎょく）と《缶《フ》》（酒壺）と

《貝》（財産）という要素を組みあわせた文字である。うちの《玉》はヒスイやメノウなどの美石で、その神秘的な色あいには呪術的効果がある、と古くから信じられていた。

《貝》は「財」や「貴」などの漢字に使われていることからもわかるように、古代中国では財産のシンボルとされた。ただしその辺の川や海岸にいる貝でも財産になったわけではなく、古代中国で珍重された貝は、めったなことでは手に入らない、はるか東南の海中に産する子安貝というものだった。

《缶》は「ほとぎ」とよばれる、胴の中央部がふくらんだ壺のこと、この字を「缶ビール」とか「缶づめ」というように使うのは、「罐」（かん）が非常に複雑な形なので、その左側の部分だけを取りだして使った略字で、「缶」をカンの意味で使うのは日本だけである。

以上の要素を組みあわせて、「寶」は家の中に宝石と酒と現金を置くという意味をあらわしている。古代においてそれらはたしかにすばらしい財産だっただろうが、現代の目から見れば、それを「たからもの」と考えるのはあまりにも即物的な認識である。身もふたもないいい方をすれば、ダイヤモンドと高級ブランデーと現金を家の中に置いているありさまが「宝」というわけだ。

まるでどこかの成金のようだ、と思うのはしがない庶民のひがみであろうか。

「杜氏」の語源とされる人物

二〇一九年一月六日

酒豪の知人がサウジアラビアで開かれる学会に参加することになって、あちらではビールすら飲めないからなぁ、とぼやいていた。サウジアラビアだけでなく、多くのイスラム教国では飲酒が禁止されており、外国人の酒の持ちこみさえ許されていない。

そんなイスラム教が信仰される地域などをのぞいて、おめでたい時には世界中どこでもだいたい酒がつきものだが、日本のお正月の祝宴では、やはり日本酒が中心となることが多いだろう。私も年末の忘年会やクリスマスなどの折りには、ワインや焼酎などいろんなお酒を楽しむが、元旦に家族で新年を祝う時は、やはり日本酒でないとおちつかない。

日本には古くから酒どころとよばれる地域があり、さらに近ごろでは伝統的な製法にみがきをかけた良質の日本酒が各地で造られているが、もともと日本酒の醸造には熟達した技術が必要で、酒の出来映えはベテラン技術者の経験と力量に左右されることが多いと聞く。

この醸造技術者の中で指導的立場にある人物を「とじ」または「とうじ」といい、漢字で

「杜氏」と書く。この名称の語源について、よくいわれるところでは、古代における酒造りは女性の仕事で、一家の主婦である「刀自《とじ》」が中心になったからとされるが、その他にもいくつかの説があって、うちの一つに、中国で酒を発明した人物とされる杜康《とこう》の名前に由来するという。

中国ではいろんな物についての発明伝説があって、漢字は蒼頡《そうけつ》という人物が、豆腐は『淮《え》南子《なんじ》』という書物の著者として知られる淮南《わいなん》王劉安《りゅうあん》が、さらに肉まんは諸葛孔明が発明したなどといわれるが、そんな伝説で酒の発明者とされるのが杜康である。

あくまでも伝説だから、杜康による酒の発明について具体的な状況がわかるわけではない。だが酒の歴史は非常に古く、殷時代（紀元前十七世紀～前十一世紀）の遺跡から酒壺や酒杯などが発見されており、また現存する最古の漢字である「甲骨文字」の中にも、酒壺からしずくがあふれているさまを示す「酒」という漢字がある。

酒の醸造技術者である「杜氏」の語源ともされる杜康は、また酒そのものを意味しても使われた。日本にもファンが多い『三国志』の英雄曹操は「何をもってか憂いを解かん、ただ杜康あり」と詠った（「短歌行」）。

いつまでも杜康さんを心の友として、できるだけ楽しくおつきあいしたいものだ。

福を分ける「茶釜」

二〇一九年一月十三日

娘が小さいころ「ぶんぶくちゃがま」の話が好きで、寝る前によく絵本を読めとせがまれた。絵本には愛くるしいタヌキが描かれていて、特に「タヌくん」（と勝手に命名していた）が綱渡りをするシーンがお気に入りだった。幼稚園の遠足で動物園に行った時に、このタヌキは綱渡りしないのかとたずねて、先生を困らせたこともあったそうだ。

群馬県館林《たてばやし》市の茂林寺《もりんじ》にある茶釜にまつわる「分福茶釜」の話にはいくつかのバリエーションがあるが、肥前国平戸藩の藩主であった松浦清《まつらきよし》（一八四一年没）が隠居後に著した随筆『甲子夜話《かっしやわ》』にも見えるから、大名までもが興味を持った話だった。

簡単にいえば「タヌキの恩返し」であるこの話のタイトルは、世間では「文福茶釜」と書かれるのが一般的だが（実際に娘の絵本はそうなっていた）、本来は「分福」が正しいらしい。いわれるところでは、この茶釜には神秘的な力がそなわっていて、いくら汲んでも中の湯がなくならなかったという。またこの釜で点《た》てた茶には人々に福を分ける力が強かったことから、「福を分ける茶釜」という意味で「分福茶釜」とよばれるようになったという。

釜は調理器具の一つだから、茶道のお手前で使うような湯沸かし専用の道具ではなく、主要な用途は炊飯にある。今も炊飯器メーカーは、よりおいしいご飯が炊けるように、釜の材質や品質の改良に余念がないようだ。

「釜」は今から三千年くらい前の青銅器に記された文章にすでに見え、それは《金》で意味を、《父》(フ)で発音を示す構造になっている。ちなみに「釜」という漢字は、通常は訓読み「かま」しか使われないが、その音読みは「フ」である。

「釜」を使った四字熟語に「釜中生魚」がある。これは後漢の范冉《はんぜん》という人物にまつわる話で、その伝記は『後漢書』の「独行伝《どっこうでん》」というところに入っている。「独行伝」とは「時流に無縁で、我が道を行く」人物を集めた部分で、要するに変人の伝記である。

伝記によれば范冉は貧しくて米がなく、飯を炊けないこともよくあったが、それでも泰然自若としていた。彼が持っていた釜には水がたまり、いつの間にかそこに「魚虫」がわいたという。この「魚虫」をボウフラとする説とミジンコとする説があるのだが、どちらであれ、こんな釜で炊いたご飯を食べるのは、いかにおいしいものであっても、できればごめんこうむりたいものだ。

「庚申」の夜のすごし方

二〇一九年一月二十日

「老人の原宿」とよばれる巣鴨の地蔵通り商店街をひやかしながら歩いて行くと、やがて庚《こう》申塚《しんづか》という小さなほこらにつく。ここは邇邇藝命《ににぎのみこと》が高千穂峰に天下った「天孫降臨」の時に、その道案内をしたことから旅人の神とされる猿田彦大神を祭ったおやしろで、かつては中山道板橋宿に入る前の休憩所としてにぎわい、今も都電の停留所「庚申塚」がある。そこで電車を降り、庚申塚からとげぬき地蔵へお参りにいく人も多い。

日本語で「庚」という漢字を見かけるのは、この庚申塚（また庚申堂とも）くらいである。「庚」は甲・乙・丙ではじまる「十干《じっかん》」の七番目で、訓読みは「かのえ」、その庚が十二支の申《さる》と組みあわされる日が「庚申《こうしん》」で、六十日ごとに回ってくるが、江戸時代末期まで、庚申の夜には特別の行事がおこなわれていた。

中国の民族宗教「道教」によれば、人の体内には三匹のけしからん虫が住みついているという。この虫は、ふだんは体内でじっとしているのだが、庚申の夜になると人が眠ったあと口から抜けだして天に昇り、天帝にその人の悪口を告げて、ふたたび戻ってくる。六十日に一度とはいえ、天帝に悪口をいわれるのはだれだってかなわない。だから虫を空に昇らせないように、庚申の夜は朝まで眠らない、という風習がいつの間にかできた。

しかし今のようにテレビやビデオなどの娯楽があるわけでもないから、朝まで起きているのは大変だった。

そんなころに徹夜するもっとも簡単な方法は、仲間たちといっしょに朝まで飲み食いしながら語りあかすことだった。その時に使われた場所が、やがて「庚申堂」とよばれるようになった。

こうして庚申の夜は仲間とともに徹夜ですごす習慣ができたのだが、それとは別にもう一つ、朝まですごす方法があった。それは夫婦で朝までふとんの中でしっぽりすごすことである。しかしこの方法は村の団結を乱すことになりかねない。それで庚申の夜に身ごもった子どもは泥棒になるという話が作られた。室町時代に作られた辞書『下学集《かがくしゅう》』の「庚申」の項(時節門「十二時異名」)に、「此の夜夫婦　婬《いん》を行えば、すなわちそのはらむ所の子必ず盗を作《な》す」とある。

昔の人は、夜をすごすにもいろいろ大変だったようだ。

「洛陽の紙価」を高めた名著

二〇一九年一月二十七日

電子情報媒体が普及しつつあるが、それでも人間がこれまでもっとも長い時間にわたって文字を書いてきた素材は、いうまでもなく紙である。研究によれば、紙は紀元前一〇〇年前後に中国で発明されたようだが、それが中国から西に伝わったのは、ある戦争がきっかけであった。西暦七五一年に、現在のキルギス共和国にあるタラス川の流域で唐とイスラム帝国が戦い、敗れた唐軍にいた製紙工が捕虜となってイスラム帝国に連れさられたという。

いわば偶然の出来事によって西方に伝わった紙が、地中海の南を通ってスペインに渡り、そこからフランスやイタリアに入ったのは十二世紀以降のことで、それまでの西洋ではパピルスや羊皮紙（パーチメント）などが使われていたが、いったん紙の使用がはじまると、紙はそれまでの書写材料のほとんどを駆逐してしまった。

紙が中国で広く普及したことの背景として、紙が専門の業者によって製造され、供給されるものであった点を忘れてはならない。それまで中国で使われた素材は、すべて文字を書く者（あるいはその周辺の者）がみずから材料を調達し、加工したものであり、他所から買ってくるものではなかった。

しかし紙は文字を書く者が自分で造るものではない。紙の製造には大きな設備と労力を必要とする。だから紙を使う者は、製紙業者から買うか、あるいは役所や寺院が払い下げた故紙を買うなどして手に入れた。逆にいえば、紙は記録者以外の人によって造られ、また販売されるという形態をとったはじめての素材であった。このような形態の確立によって、だれでもカネさえ出せば文字を書ける素材を入手できることとなった。この点で紙は文字そのものが広範囲に普及することにも大きく作用したと思われる。

紙が販売されていたことを示す有名な例が、書籍のベストセラーのたとえに使われる「洛陽の紙価《しか》を高める」の故事である。西晋の文学者左思《さし》が作った「三都賦《さんとのふ》」は、三国時代の魏・蜀・呉それぞれの繁栄ぶりを克明に描写した長編で、この作品が時の名士から高く評価されると、洛陽の文学愛好者たちはあらそってそれを書き写そうとした。しかしまだ印刷がおこなわれる前だから、人々は紙を買ってきて手で書き写すよりほかに方法がなかった。こうして一篇の文学作品が巻き起こした流行のために、洛陽では紙の需要と供給のバランスがくずれ、紙の価格が急騰したという。

「魅」はなぜ《鬼》ヘンか

二〇一九年二月三日

文献によれば、昔々の中国は人格面でも能力でもまったく非のうちどころのない聖人が統治し、理想的な時代が現出されたそうだが、しかし立派な親から生まれた子どものできが悪いのも世間にはよくある話で、その聖人にはろくでもない子どもが四人もいた。そこで聖人は四人を世界の四隅に追放して番人とし、危害を加えにやってくる「魑魅《すだま》」（山林や沼沢にいる化け物）から人々を守る任務をあたえた。その彼らの働きのおかげで世の中に化け物や妖怪がこなくなり、人々が平穏無事に暮らせるようになったという。

上の話に見える「魑魅」とは山林にただよう異気から生じる怪物とされ、さらに「魑《ち》魅《み》魍《もう》魎《りょう》」（「魍魎」は「罔両」とも書く）という四字熟語の形で、さまざまのばけものの総称として使われる。

古代では荒野や森林のいたるところに、目には見えないおそろしいばけものがとびかっていた。それで夏《か》という王朝を作った聖人の禹《う》が、人々に「魑魅魍魎」の具体的な姿を教え、それから身を守ることができるようにと、祭りの儀式に使う青銅器の表面におどろおどろしい姿を描かせたという（『春秋左氏伝』宣公三年）。国内外の美術館に所蔵される古代中国の青銅器に描かれている「饕餮《とうてつ》」などの複雑怪奇な意匠は、実は山林や原野にとびかっていた「もののけ」の姿だったのである。

ところで「魑魅魍魎」という四つの漢字にはいずれも《鬼》ヘンがついているが、「鬼」は大きなお面をかぶってひざまずいている人の象形文字である。もともとは死者の霊魂から生まれた「もののけ」を意味する字で、葬礼や凶事の儀式ではそんな面をかぶって舞が舞われたのだろう。

「魅力」とか「魅惑」ということばに使う「魅」（本来の字形は「彪」）にも《鬼》ヘンがあるが、これもばけものを意味する漢字であり、「魅」とはもともとは人面獣身で四本足があり、人を惑わし、危害を加えることを好む妖怪だったという。

その「魅」が持つ力は、相手を強くひきつけて、その存在を危うくするほどパワフルだった。だから異性の「魅力」に負けて身を持ちくずした人は、文字本来の意味にしたがって行動したということになる。それにしても、みずからを破滅させてしまうほど「魅力」的な異性に、一度でも出あいたいものだ。

「贔屓」という名の亀

二〇一九年二月十日

特定の個人や組織に格別の配慮や援助をあたえることを意味する「贔屓《ひいき》」は、もともと大きな亀の名前だったという。

博識で知られた明《みん》の楊慎《ようしん》という学者（一五五九年没）が著した『升庵外集《しょうあんがいしゅう》』に引用される民間伝承によれば、想像上のめでたい動物で、皇帝のシンボルとして使われることもある龍には子どもが九匹いて、それぞれが独自の能力を持っていた。

そのうちの第一子が「贔屓」という名前で、形は亀に似ていてすさまじい怪力を持ち、重いものを背負うことを得意としていたので、大きな石碑を載せるのが彼の仕事とされた。中国の宮殿や寺院の庭にある石碑は、大きな亀の形をした台座に載っていることがあるが、その亀が実は「贔屓」なのだという。

日本では亀が石碑のかわりに石灯籠を載せていることもあるが、中国では大きな石碑は亀の形をした台座に載せられていることが多く、有名な石碑がたくさん保存されていることから、書道を愛好する日本人も多く訪れる西安の「碑林《ひりん》」や、孔子の出身地である山東省曲《きょく》阜《ふ》にある「孔子廟」には、巨大な石碑を載せた亀が今もたくさんいる。有名な例では唐の顔《がん》真卿《しんけい》「顔氏家廟碑」や、キリスト教の一派が長安で多くの信徒を集めていたことを記す「大秦景教流行中国碑」などが、大きな亀の背中に載っている。

古代中国の神話では、人間が暮らす大地は大きな亀の背中に載っていて、亀が移動するにつれて、太陽が昇って夜が明けたり、西に沈んで夜になったりする、と考えられていた。一種の地動説といえるが、大地を載せていたそんな怪力の亀が、いつの間にか石碑の台座に使われるようになったというわけだ。

「贔屓」はもともと怪力を持つ亀の名前で、そこから「他人のために大きな力を発揮する」という意味で使われるようになった。平安時代初期に作られた仏教説話集『日本霊《りょう》異《い》記《き》』に、落盤事故で鉱山に閉じこめられた男が、無事に助かったら『法華経』を書き写すという願をかけたところ奇跡的に救われ、「是れすなわち法花経の神力、観音の贔屓なり」と述べる用例があるから（巻下第十三）、「贔屓」という語のその意味での使い方は、かなり早い時期に日本にも伝わっていたようである。

「鼎」の軽重問うた無礼者

二〇一九年二月十七日

世界中の古代文明が、石器時代から鉄器時代への過渡期として、青銅で道具を作る時代を経験した。エジプトやメソポタミアではだいたい紀元前三五〇〇年くらいから青銅器が作られているし、ギリシャやローマの古代遺跡からも青銅で作られた道具が多数発見されている。

しかし殷周時代の中国ほど多くの青銅器を作り、活用した文明は他に例を見ない。それは今から数千年以上も前に作られたものとはとても思えないほど見事な、古代芸術の造形の極致とよべるものなのである。

この青銅器の代表というべきものが、鼎《かなえ》である。鼎はもともと魚や肉などを煮る調理具で、三本の脚の上にナベ形の容器を載せた形をしている（ちなみに鼎には三本の脚があることから、三人でおこなわれる座談会を「鼎談《ていだん》」という）。また鼎の鍋の上部には「耳」とよばれる取っ手が一対あって、調理したばかりでまだ熱い鼎を、そこに木を通したり、鉤で引っかけたりして持ち運んだ。

そんな鼎は、祖先を祭るためのもっとも重要なものであり、国家のシンボルでもあった。

紀元前六〇六年のこと、新興の軍事大国であった楚《そ》が、周の国境まで大軍を進めてきた。周はそのころ「王の中の王」として諸国を統轄していたが、その周との国境で大規模な観兵式をおこなうことで、楚は周に武力を誇示し、デモンストレーションをしかけたのである。

周王から派遣された使者に向かって、楚王は周の王室にある鼎の大きさと重さをたずねた。楚王の意図としては、自分がまもなく周に代わって天下を治めることになるだろうから、その時に天子のシンボルとして周に安置されている鼎を自国に運ぶ準備としてたずねたのであり、いわば脅しをかけたのだった。

しかし使者の返答は、鼎の大きさや重さは「徳に在り、鼎に在らず」というものだった。鼎の重さは所有者の人徳によって決まるもので、周は衰えたりとはいえ、依然として天子を擁する国である。だから周が受けた地上統治の天命が改まらない限りは、鼎の重さを他人が問うことは許されないと、周の使者は楚王の無礼を一蹴した。

これが「鼎の軽重《けいちょう》を問う」という故事で、ある人の実力を疑い、自分がその人にとって代わろうとすることのたとえとされるが、この話からも、かつて鼎が国家の象徴とされるほど重要な道具であったことが見てとれる。

「孫の手」は「麻姑の手」だった

二〇一九年二月二十四日

学生時代の通学で、最寄り駅近くにけばけばしいネオンが点滅するいかがわしい店があったが、先日久しぶりにそこを通りかかったら、すっかりおしゃれな街になっていた。

大きな街ではそれほど珍しくないが、何年かたつうちに街並みの景観が大きく変わることがあって、それをかつては「滄海《そうかい》の変」と表現した。「滄海」すなわち大海原が桑畑に変わるという意味で、一般には唐代の詩人儲光羲《ちょこうぎ》が詠んだ詩句「滄海　桑田と成る」(「八舅の東帰するに献ずる詩」)によって「滄海変じて桑田となる」、またそれをちぢめて「滄桑の変」などというが、より古い出典は晋の葛洪《かつこう》が著した『神仙伝』にある。

これは仙人や仙女にまつわる不思議なエピソードをたくさん載せる書物で、その巻二(王遠)によると、後漢のある時、蔡経《さいけい》という者のところに仙人の王方平が滞在し、かねてよりの旧知である仙女の麻姑《まこ》をよび寄せた。よばれてやってきた麻姑はしかし王方平に会うのは久しぶりだったので平素の無沙汰をわび、「この前お目にかかってからあと、東の海が桑畑に変わるのを三度見ました」と述べたという。

これが「滄海の変」の出典なのだが、思えばずいぶん人を食った話である。さらにその麻姑は見たところ十八か十九くらいの娘にしか見えず、髷《まげ》から垂れる長い髪が腰まで届き、この世のものとも思えないあでやかな衣服を着ていたという。

家の主人である蔡経が麻姑に見とれていて、彼女の指の爪が鳥の足のようにするどくとがっていることにふと気づき、心の中で「あの爪で背中のかゆいところを掻《か》いてもらったら、さぞかしいい気もちだろうな」と考えた。するとそばにいた王方平がたちまち蔡経の思いを見抜き、仙女の爪で背中を掻くなどと考えるのは不埒《ふらち》のきわみであるとして、蔡経の背中を鞭でうったという。

僧侶が読経や法要の時に手に持つ、先端がワラビ状に巻かれた長い棒状の仏具を「如意《にょい》」というが、それはかゆいところも「如意」つまり意のままに搔ける、という意味でつけられた名前であった。

背中など手の届かないところを搔くのに使うおなじみの「孫の手」という道具も、あの麻姑の爪で背中を掻いたらさぞ気もちいいだろうな、との思いから名づけられた「麻姑の手」が日本語で近い音に変わった結果の名称である。

「俑を作」って森林破壊

二〇一九年三月三日

古代エジプトでは高貴な身分の人が亡くなると、死後の世界で仕える召使として、「シャブティ」という木や陶器で作った人形を埋葬したそうだ。日本の埴輪《はにわ》のようなもので、中国にも古くから、木や土で作った人形を墓に埋葬する風習があったが、孔子はこれを人を生き埋めにすることと同じと考え、その風習を非常に憎んだ。『孟子』（梁恵王上）に孔子のことばとして「始めて俑《よう》を作りし者は後《のち》なからん」、墓に埋葬する人形を最初に作った人間はきっと子孫が断絶するだろうと述べる。血統の継続をなによりも重んじる儒学で「後なからん」というのは非常に強い非難の表現であり、そこから「俑を作る」という表現が、よくないことをはじめたり、悪い前例を作ったりするという意味で使われるようになった。

孔子はおそらく知らなかっただろうが、発掘された殷代の王の墓には百人をはるかにこえる人間が埋葬されていた。王の死去とともに膨大な数の人間が殉死させられていたのだから、生身の人間の代わりに俑を使うようになったのは、むしろよろこぶべきことなのである。

西安郊外の、巨大な体育館のような「秦始皇兵馬俑《へいばよう》博物館」に一歩足を踏み入れた時、人はそこに展開される壮大なスケールに息を呑み、しばし絶句することだろう。私もはじめて兵馬俑を見た時には、口もきけないほどのショックを受けた。目の前には等身大の兵士や馬などの塑像が整然と並び、その勇姿は向かうところ敵なしだった秦の強大な軍事力をあますところなく感じさせる。

これらの兵馬俑は、総数が八千体ともいわれるが、兵士であれ馬であれ、すべて粘土で型を作って彫刻と彩色などを施し、最後に窯に入れて焼いて作った陶製の人形である。つまりきわめて写実的に作られた「埴輪」であって、これらの俑を焼くための燃料はもちろん、附近の山にあった森林から伐採してきた材木であったにちがいない。

壮大な規模をほこる兵馬俑や、その他の文物を作るために、おそらく天文学的数字といっていいほどの量の樹木が伐採されたことだろう。その森林破壊は、もともと緑豊かだった中国西北部が急激に乾燥化したことと大きな関係があると思われる。「俑を作る」者のために、大量の森林が破壊され、環境が激変した。もし孔子がそのことを非難していたのだったら、このことばは環境保護団体などによって、今もっともっと使われているにちがいない。

「腔」をクウと読むもどかしさ

二〇一九年三月十日

はじめて「コウクウ外科」ということばを聞いた時には、上空では気圧が低くなることを利用して、飛行機の中で手術でもするのかと考えたが、よく聞けばそれは「口腔外科」と書くとのことだった。

「口腔」の「腔」は「うつろ・中空」という意味で、「からっぽの部分・がらんどう」をあらわす漢字である。この《月》は天体の「つき」ではなく、肉体に関することをあらわすニクヅキで、昔の人の考えでは、人体にはいくつか中空の部分があり、口から吸った空気が取りこまれる肺のあたりは中空になっているので、胸を中心とする呼吸器官を「胸腔」といい、そこから胸一杯にひろがる尊敬の念を「満腔の敬意」といった。

また腹の部分もかつては中空と考えられたので、そこから「腹腔」ということばができた。クラゲやイソギンチャクのように全体が円筒または壺状の形をしていて、内臓部分ががらんどうになっているように見える生物を、かつては腔腸動物とよんだ。鼻や口も、内部が中空になっていると考えられたので、鼻腔とか口腔ということばができた。そんな口や顎《あご》、顔面などに現れる疾患を外科的に扱うのが「口腔外科」なのだそうだ。

さて以上のことばに使われている「腔」の本来の音読みは「コウ（カウ）」である。だから「満腔の敬意」は「マンコウの敬意」と読み、「腔腸」動物は「コウチョウ」と読むのだが、しかし日本の医学用語では、「口腔」を「コウクウ」と、「鼻腔」を「ビクウ」と、「腹腔」を「フックウ」と読むことになっているらしい。

それは「腔」という漢字の右半分にある《空》の音読み「クウ」に引きずられて、全体の字音をクウと考えたからと思われ、医学界ではその読み方がすっかり定着しているようだ。「腔」をクウと読むのは、漢字の字音としては本来まちがいである。しかし、だからといって、今から「口腔外科」を「コウコウ」外科と、「腹腔鏡」を「フッコウキョウ」と読めば、医師や患者はきっと混乱するにちがいない。

社会に定着している慣用音を今から正しい音に戻すことは不可能である。辞書には正しい字音を載せなければならないが、社会的には無用の混乱を避けるために、慣用音を使い続けるのが現実的であるとは思いつつ、私はそれでもなんとなく釈然としない。だからといって、英語でオーラル・サージャリィ（oral surgery）などといわれたらもっと困るのだが。

「鬱」の複雑な構造

二〇一九年三月十七日

テレビの仕事で、今見ることができる最古の漢字である「甲骨文字」が発見される場所にロケにいったことがある。北京から鉄道で南に向かい、黄河を渡るちょっと手前にある安陽市（河南省）の郊外に「殷墟《いんきょ》」という遺跡があって、そこが甲骨文字出土地である。

最古の漢字が発見される街にある小学校で「国語」（中国では「語文」という）の授業を見せてもらい、子どもたちが漢字を勉強しているようすを取材した。

撮影がすんで移動の準備をしていると、ちょうど昼休みになったので、子どもたちが集まってきた。さっそくカメラを回し、ディレクターが近くにいた子どもに「ゆーうつ」という漢字を書いてごらん、と紙を渡した。するとその子（五年生だった）は、そんなの簡単じゃないか、と馬鹿にしたような顔で「忧郁」と書き、現地の通訳がそれを見て「あってますね」といったので、ディレクターは不思議そうな顔をしていた。

「憂鬱」を中国の簡体字では「忧郁」と書く。「憂」が「りっしんべん」と《尤》（ユウという発音をあらわす）になるのはまだわかるとしても、「鬱」が「郁」になることは、日本人にはまずわからない。「鬱」と「郁」はもともとまったく別の漢字だったが、今の中国語ではまったく同じ発音になる。それなら「鬱」のように難しい漢字を書くより、もっと簡単な「郁」と書いても、読んだら同じ音になるから、それでいいじゃないかというわけだ。

日本ではかつて「憂鬱」は難しい漢字の定番だったが、パソコンやスマホの登場で簡単に書けるようになった。オレは「鬱」が書けるぜと自慢したって、だれも感心してくれない。「鬱」を分解すると《林》と《缶》と《冖》と《鬯》と《彡》になる。《林》は二本の柱で、その間に《鬯》《チョウ》（キビから作った酒）を入れた《缶》（酒壺）をおき、それを上から覆って密閉する形が《冖》で、《彡》は酒の香りがあたり一面に漂っているさまをあらわす。

かなり複雑な構造だが、要するに「鬱」とは祭祀に使う酒の香りがあたり一面に立ちこめているめでたい状態をあらわし、そこから「しげる・さかん」という意味をあらわした。「鬱蒼《うっそう》」という時の「鬱」がその意味で、またさかんに集まることから、「ぎっしりと入る・こもる」という意味もあらわすようになった。

「憂鬱」とは「たくさんの心配事がこもっている」という状態のことである。気がふさいで、だれとも話したくないことは、昔からあったにちがいない。

すね者の「鼓腹撃壌」

二〇一九年三月二十四日

世間には時々「すね者」としかよべない人がいて、まわりがその人のことをあれこれ考え、その人があまり苦労せずに生きていけるようにと心をくだいても、自分はそんなことを要求したことなどまったくないといわんばかりに勝手な行動をする。考えようによっては実に幸せな人だが、まわりから見れば迷惑以外のなにものでもない。

昔の中国は聖人が国を治め、平和でおだやかな社会が実現されていたという。特に聖人中の聖人とされる堯《ぎょう》が帝王として国を治めていた時には、人々は心から太平の世の中を謳歌することができたそうな。

そんな時代に、一人の老人が道ばたで腹つづみをうち、地面を棒でたたきながら、のんびりと歌を歌っていた。

日出でて作《な》し、日入りて息《いこ》う。井を鑿《うが》ちて飲み、田を耕して食らう。帝力何ぞ我に有らんや。

お天道さまが出たら動きだし、お天道さまが沈んだらねぐらで横になる。井戸を掘って水を飲み、野良仕事してメシを食う。天子さまなんて、おいらには関係ないさ。

腹つづみをうち、地面をたたきながら歌ったことから「鼓腹撃壌歌《こふくげきじょうか》」（「壌」は「土壌」の「壌」で、「つち」のこと）とよばれるこの歌は、晋の皇甫謐《こうほひつ》が著した『帝王世紀』にはじめて見え、それが通俗的な歴史書『十八史略』などに引用されたことから、昔のインテリだったらだれでも知っている歌となった。

もともとの出典が歴代の帝王を論評した書物だから、この歌は聖天子堯の御代に、人々が安楽な生活と平和な暮らしを謳歌できたことをたたえるものと考えるべきなのだが、しかし後世には、これを世俗的権力とは無縁に、自由気ままに暮らす隠逸の楽しみが述べられた歌と理解することもあった。

「帝力何ぞ我に有らんや」という最後の句が隠者らしさを感じさせるのだが、しかしこの老人が太平の世を楽しめ、苦労もせずに好き勝手なことをできるのは、いったいだれのおかげだろうか？　彼が謳歌している太平無事の日々は、決して自分の力で達成したものではないはずだ。聖天子が治めていた時代にもすね者はいた。今の時代に、世をすねたジコチュウがたくさんいるのは当然のことかもしれない。

「婚」は古くは「昏」

二〇一九年三月三十一日

春の大安ともなればホテルは朝から結婚式のラッシュだが、かつての結婚式は、夕刻からはじまるものだった。

「結婚」を古くは単に「昏」という漢字であらわしたが、「昏」の古い字形は《日》の上が《氏》（「低」の省略形）になっており、「日が低くなる」つまり太陽の高度が下がってくることから、夕暮れをあらわした。それが「昏」という形に変わり、さらに《女》をつけて「婚」という文字が作られたというわけだ。

この婚礼を夕刻からおこなうという習慣は、夜陰に乗じて他の集落に忍びこみ、若い娘を略奪してきて妻とする、古代原始社会におこなわれた「略奪結婚」の名残だという説がある。

『礼記《らいき》』（曾子問《そうしもん》）という儒学の経典に、「女《むすめ》を嫁がせし家は、三夜　燭《しょく》を息《や》めず、相離れるを思えばなり。婦《つま》を娶《めと》るの家は、三日　楽《がく》を挙げず、親を嗣《つ》ぐを思えばなり」という文章がある。

娘を嫁がせた家では、嫁いでいった娘のことを夜も寝ずに考えるから三日間ろうそくのあかりを絶やさない。また嫁をもらった側では、浮かれてはおられず、これから家を継ぐことを真剣に考えるから三日間音楽の演奏をさし控える、というのだが、しかし三日間ろうそくのあかりを絶やさなかったり、あるいは音楽の演奏を控えたりという習慣は、実際には略奪結婚のせいであったと考える方がわかりやすい。

娘を奪われた家は悲嘆にくれて眠れないから、夜もろうそくをともしてすごし、奪いとった側では略奪がばれないようにと、ほとぼりがさめるまでひっそりと暮らしているからだ、というのである。

略奪結婚の風習が古代の中国に、はたして本当にあったかどうかについては諸説あるが、しかし現実には、結婚式は長期にわたって、夕刻から夜間にかけておこなわれるものだった。邪魔者は早々と姿を消すべきであることをいう「仲人は宵の口」は、結婚式がはじまり、固めの盃である「三三九度」の儀式が終わればもう仲人は無用の邪魔者だから、いつまでも長居せずに早々に退散すべきであるということから出た表現であり、ここから日本での結婚式も夕刻からおこなわれたものであることがわかる。

第三章　「令」の年の漢字

令和の「令」は「霊」のあて字

二〇一九年四月七日

外国の街中で買い物をしていて、日本でおなじみのお菓子や日用品などに出あうとなんとなくうれしい気もちになる。台湾に行った時、スーパーマーケットで買い物をしていると、緑色のプラスチックボトルに入った家庭用洗剤があって、容器に「魔術靈」と書かれていた。「靈」（「霊」の旧字体）は「（クスリなどが）よく効く」、あるいは「頭の回転が速い」ことをあらわす漢字で、中国語ではリンと発音する。はて、この洗剤はどこかで見たことがあると考えていて、ハッと気づいた。それは花王が台湾で販売する「マジックリン」だった。

「三つ違いの兄さんと」と語る義太夫が有名な、「壺坂霊験記《つぼさかれいげんき》」という浄瑠璃《じょうるり》がある。座頭の沢市《さわいち》は妻お里が毎日夜明け前から外出するのを不審に思って問いつめると、お里は沢市の目が治るようにと壷阪寺の観音様に願掛けに行っていたと打ち明ける。この信仰心の篤い夫婦の願いを聞き届けた観音の救済によって、沢市の目が再び見えるようになり、それがタイトルにある「霊験」である。

敬虔な信仰に対して神仏が示す不思議な験《あかし》を「霊験」といい、また「霊峰」や「霊薬」ということばがあるように、「霊」という漢字には「はかりしれないほど不思議な」とか「神々しい」「とてもすばらしい」という意味がある。

しかし「霊」の旧字体である「靈」は二十四画もあって、書くのがはなはだ面倒だ。それで早い時代から、「靈《レイ》」と同じ発音で、ずっと簡単に書ける「令《レイ》」がそのあて字として使われた。こうして「令」に「よい・すばらしい」という意味がそなわり、やがて「令嬢」とか「令息」といういい方ができた。

新しい元号「令和」の出典とされる『万葉集』巻五の「初春の令月《れいげつ》にして、気淑《よ》く風和《やわ》らぐ」に見える「令月」も「令」を「すばらしい」という意味で使い、「(新春の)よき月」であることをいう。

友人夫婦が結婚披露宴に招かれたところ、奥さんが指定された席に「令夫人」と書かれたカードが置いてあった。そのカードをしばらく見ていたわが友は、「そうか、いつもおれに命令ばかりしているから、女房を『令夫人』というのか」とひらめいたという。

まことにユニークで秀逸なこの解釈を掲載する辞書は、どこかにないものか。

まずは「門」から入れ

二〇一九年四月十四日

小学校低学年の児童には、「人」と「入」という漢字の区別がなかなかつきにくいそうだ。たしかにその二つの漢字は、見かけ上では長い線が左に流れるか右に流れるかだけのちがいである。かつての人気番組で武田鉄矢氏演じる金八先生は「『人』とは二人の人間がたがいに支えあっている形だ」と語ったそうだが、その説明は実は「入」という漢字にも適用できるのである。

だがその二字の成り立ちはまったくことなっていて、「人」は人間が立っている形を側面から描いた文字であるのに対して、「入」は部屋の入口をかたどった文字で、その「入」の下に建物の形を加えると「内」になる。

むかしある人が「皆さんは孔子が立派な人物だというが、弟子の子貢《しこう》の方がもっとすぐれている」と語り、その話を聞いた人がそれを子貢に伝えたところ、子貢は自分と孔子の人徳を、宮殿の塀と建築物の例で説明したという。

曰《いわ》く、自分の宮殿は塀の高さがせいぜい肩くらいまでしかないから、中にある建物を塀の外からでも見ることができる。しかし先生（孔子）の宮殿は高い塀に囲まれているから、門から入らない限り、中の美しさやすばらしさはわからない。ただその宮殿につながる門を見つける人間がなかなかいないのである、と。

孔子がもつ奥深い世界を理解するには、まずその宮殿の「門」から入らなければならないというので、ここから「入門」ということばができた。

同じく孔子の弟子である子路には「瑟《しつ》（「おおごと」と訓読する）」という楽器を弾く趣味があった。しかしその技量はそれほどすぐれたものではなかったようで、孔子は彼の演奏について、「堂に升《のぼ》れり、いまだ室に入らず」と表現した。ここでいう「堂」とは表座敷すなわち客間のことであり、「室」とはその堂の北側にある小さな奥座敷の部屋を指す。つまり孔子は子路の瑟の腕前がすでに「入門」段階を通りこしていて、客間にあがれるほどにはなっているものの、まだ奥の間には入れるほどではない、つまり奥義をきわめてはいないということを述べたのである。

「入門」期がすぎたら、次は「升堂」を目指せというわけだ。

流れに「枕」し詭弁ふるう

二〇一九年四月二十一日

世の中には自分のまちがいを認めようとせず、無理にこじつけてでも主張を通そうとする、困った頑固者がしばしばいるものだ。

中国・西晋《せいしん》時代の孫楚《そんそ》は、文才にはすぐれていたが人柄に傲慢なところがあって、世間との折りあいがあまりよくなかった。彼は若いころから隠者の生活にあこがれており、ある時世俗的な習慣やしきたりにこだわらず、自由気ままな生活を送りたいものだとの願望を友人に語ったが、その時うっかりして「石に漱《くちすす》ぎ、流れに枕する」生活をしたいものだ、といってしまった。

いわんとすることは「枕石漱流」（石に枕し、流れに漱《くちすす》ぐ）、山の中にころがっている手ごろな石を枕として眠り、清らかな谷川で口をすすぎたい、ということだったのだが、うっかりして「漱石枕流」と語順をまちがえたわけだ。

それを聞いた友人が「川の流れは枕にできず、石では口を漱《すす》げない」とまちがいを指摘すると、しかし孫楚は強弁して「『枕流』は汚らわしい話を聞いたあと耳を洗うため、『漱石』は歯を磨いてきたえるためだ」と反論したという。

この故事から、負け惜しみとして強引な詭弁《きべん》をふるうことを「漱石枕流」と言い、日本語では「ソウセキ　チンリュウ」と読む。いうまでもなく夏目漱石のペンネームの由来だが、この筆名をはじめに考えついたのは正岡子規で、彼は学校で同級生だった子規から譲ってもらったとのことである。

もともと『晋書』孫楚伝に見えるこの故事が、八世紀に作られたと考えられる『蒙求《もうぎゅう》』という書物に「孫楚漱石」という表現で取りこまれたことから、広く世間に知られるようになった。『蒙求』は「孫康映雪、車胤聚螢」（孫康《そんこう》は雪に映じ、車胤《しゃいん》は螢を聚《あつ》む。「蛍雪の功」の故事）など、儒教社会での教養ある知識人として知っておくべき成語をたくさん載せた教科書で、日本でも漢文を学ぶ初歩的教材として広く使われた。

だからそこに見える話は明治の教養人には常識だったはずだが、「漱石枕流」の「枕」は、マクラという意味なら音読みはシンであり、これをチンと読むのは実は誤りである。しかしこの読みまちがいについて強弁した者は、これまでだれもいないようだ。地下の孫楚はさぞかし嘆いていることだろう。

幸福は誠意を「奏」でる先に

二〇一九年四月二十八日

高校生のころ、学校の図書館で本を読んでいたら挿し絵があって、うららかな春の野原が描かれていた。芝生の上ではウサギの一家がお弁当をひろげ、空では天使たちがハープを奏でている、見るからにほのぼのとした絵だった。

そんな数十年も前に見た絵を今もはっきり覚えているのは、その絵に「幸福」という題がついていたからである。

「七〇年安保」を前にして、社会が騒然としていた時代だった。未熟ではあるものの、人生や社会のあり方をめぐる議論に熱中していた私は友人にその絵を見せ、「こんなものが幸福とは……人生をなんと心得ておる！」といきまき、友人も同調してくれた。

私たちは青く、絵に示された価値観のあり方に反発を感じていた。しかし還暦もとうにすぎた今は、その絵が「幸福」と名づけられるゆえんがよく理解できる。むしろ「ウサギの一家」が金銭とも名誉とも無縁のところに「幸福」をさがしもとめようとする姿勢には、大いなる共感を覚えるほどだ。

　子どもが小さいころは、わが家も天気の良い日に、郊外の緑地まで弁当をもって出かけたことが何回もあった。そしてそれが、ささやかではあるが、かけがえのない幸福であることはまちがいなかった。

　今にして思えば、挿し絵にはより大きな「幸福」が表現されていて、それは空の上にいる天使が奏でるメロディが頭上から聞こえてくるという設定だった。陽光・芝生・家族・弁当と小道具が揃っても、人の心まで小道具は面倒を見てくれない。目には見えないミュージシャンが奏でる、耳には聞こえない音楽が、心の中に響いてくる時に、人はきっと真の幸福を感じるのだろう。

「奏」は両手で持った笛のような楽器を演奏するさまをかたどった漢字で、もともとは祭りの時に神に音楽をささげることを意味していた。それがのちに、音楽だけに限らず、身分の高い人になにかを申しあげるという意味もあらわすようになった。「奏上」とか「奏聞」というのがその使い方だが、音楽でもことばでも、神に対して発せられるものには誠意がこめられていなければならない。その誠意こそが人の心に感動をあたえる根源であり、それはささげる相手が神でなく人間であっても、まったく同じであるべきだ。

鹿児島を「麑」と書く工夫

二〇一九年五月五日

世界各地へのキリスト教布教を目指したイエズス会を設立した一人でもあるフランシスコ・ザビエルは、インドのゴアで洗礼を受けた日本人ヤジロウらとともに日本を目指し、薩摩半島の坊津に上陸したあと、一五四九（天文十八）年に宣教の許可を得て、鹿児島で百五十人余りに洗礼をほどこした。この日本最初のキリスト教布教を記念する教会が鹿児島市内にあり、教会前の公園にはザビエルの胸像とアーチが作られているのだが、そのアーチの柱には「フランシスコザビエ《ママ》聖師滞麑記念」と記されている。

ザビエルが滞在した場所がこの文では「麑」と書かれているが、この「麑《げい》」という文字が「鹿児島」という意味で使われていることはまちがいない。また鹿児島で聞いた話では、だれかが鹿児島に来ることを、つい最近まで、年配の方は「来麑《らいげい》」と表現したとのことであった（今は「来鹿」というそうだ）。

この「麑」は、本来ある動物をあらわす漢字だった。古代中国の百科事典で、儒学の経典ともされた『爾雅《じが》』という書物で、いろんな動物について記述する「釈獣」の中に、虎や豹《ひょう》まで食べる獰猛な動物である「麑」が登場する。

「麑」は音読みでゲイと読み、きわめて獰猛な動物をあらわす漢字として、中国では古くから辞書に載っている。しかしザビエル教会前の門柱で、これが「鹿児島」という地名を示す漢字として使われているのは、この漢字が《鹿》と《児》（本来の字形は《兒》）を組みあわせた形になっているからにちがいない。

鹿児島のことを「麑」という字であらわした例は非常に古く、『続日本紀』の天平宝字八年（七六四年）十二月に、「是ノ月、西方ニ声有リ、雷ニ似テ雷ニ非ズ、時ニ大隅薩摩両国ノ堺ニ当リテ、烟雲晦冥《えんうんかいめい》シテ奔電《ほんでん》去来ス。七日ノ後スナハチ天晴レ、麑嶋信尓村《かごしましなにむら》ノ海ニ於イテ、沙石自ラ聚《あつま》リテ、化シテ三嶋ト成ル（以下略）」と記されている。

鹿児島という地名は、一説に船頭・漁夫をいう古語「カコ」に由来し、『続日本紀』は「カコ」をあらわす漢字として「麑」を選択した。そこではその文字が持つ意味は意識されず、字形を構成する要素の字音を採用しただけだった。

中国から導入した漢字を、日本語の表記に適するように日本人が工夫して使った、非常にユニークな例をここに見いだすことができる。

《羊》と《大》を組みあわせると

二〇一九年五月十二日

日本では長い間の仏教信仰によって動物の肉を食べなかったから、肉食の歴史はそれほど長くない。「牛鍋」という新しい食べ物を楽しむ庶民の姿を通して文明開化の世相を描いた『安愚楽鍋《あぐらなべ》』（仮名垣魯文）が刊行されたのは一八七一（明治四）年のことで、このころから肉食がしだいに普及しはじめたが、それでも食用に供されるのはほとんどが牛か豚、それに鳥で、北海道は別として、日本人は今も羊の肉に対してはそれほどなじんでいない。

しかし世界的な視野で考えれば、羊は食用にされる動物の代表といっていいほどに、各地でよく食べられている。

羊は人間に従順で、繁殖力も旺盛だから、牧畜に適した動物である。中国でも非常に古くから羊の放牧がおこなわれていた。『詩経』の「君子于役《うえき》」（王風）は遠くへ労働に駆りだされた夫の帰りを妻が待ち望む詩だが、その一節に「鶏は塒《ねぐら》に棲《す》み、日の夕べには羊と牛は下り来たる」とある。ここに登場する羊と牛は、夕暮れになるとちゃんと山の麓に下りてくるというのだから、おそらく放牧されていたのだろう。

さらに春秋時代には、羊を販売する市があったらしい。『春秋左氏伝』(襄公三十年)に、伯有という人物が「羊肆《ようし》」で死んだので、賢人で知られる鄭の子産《しさん》が死体に着せる衣服をもっていって号泣したという話がある。ここに「羊肆」ということばが見えるが、「書肆」といえば書店のことだから、「羊肆」も文字の意味から考えれば、おそらく羊の肉を販売していた場所だろう。

さらに古くは、羊は祭祀の犠牲としてもさかんに使われた。古代の王や貴族の家では先祖に対する祭祀が定期的におこなわれ、その時にはなにかの動物が犠牲として祭壇に供えられた。犠牲とされる動物は祭祀の重要度によってちがい、もっとも重要な祭祀では牛を使ったが、牛は農耕に使う貴重な役畜でもあったので、通常は羊を使うことが多かった。

神にささげる犠牲は、もちろんより大きなものであることが望ましい。犠牲が大きければ大きいほど神さまはよろこばれたし、祭りに参加した者たちが後で食べる「おさがり」も、それだけ多くなるから、祭りを営む者たちはなるべく大きな羊を選んでお供えした。そこで《羊》と《大》を組みあわせた字形で、「りっぱなもの」という意味をあらわした。それが「美」という漢字である。

古代中国の「鵜」

二〇一九年五月十九日

岐阜の長良川では、毎年五月十一日から鵜飼いがはじまるそうだ。私も京都の宇治川で見たことがあるが、かの芭蕉が「おもしろうて　やがて悲しき」と詠んだ通りの実感で、生まれ変わっても鵜にだけはなりたくないな、と思ったものだった。

鵜飼いに使われるのはウミウという種類だそうだが、「鵜」はもともとカツオドリ目ウ科に属する鳥の総称で、必ずしも夏の風物詩でおなじみのウミウだけとは限らない。なお「鵜」の音読みはテイで、ウは訓読みである。

中国最古の詩集である『詩経』にも「鵜」が登場する。「候人《こうじん》」（曹風）という詩に「これ鵜《テイ》は梁《やな》に在るに、その翼を濡らさず」とあり、伝統的な解釈では、魚を捕るために杭や石などで川の流れをせきとめた「梁《やな》」という仕掛けに「鵜」がいながら、翼が濡れていないという異常事態で、人徳のない「小人」が朝廷を牛耳ることとなった社会を批判しているとされる。

この解釈が正しいかどうかはさておき、ここに出てくる「鵜」は、全国各地でおこなわれる鵜飼いで活躍しているあのウではないらしい。

『詩経』に見える動植物について研究した書物によれば、この「鵜」は、魚を食べることから「魚鷹《うおたか》」ともよばれるミサゴのように大きな鳥で、一尺（三十センチ足らず）のクチバシをもち、その下に数升（一升は約〇・二リットル）もの水が入る「胡」（クチバシの下に垂れている「のど袋」）がある。そして沼地に魚がいれば、何羽かが群れになって沼の水をかいだし、水がなくなってから中の魚を捕食するという。

長いクチバシの下に大きな袋があるという記述から考えれば、それはどうやらペリカンのようだ。日本には野生のペリカンがいないから、私たちはふだん動物園でしかペリカンを見ないが、ペリカンは温帯から熱帯にかけての広い地域に生息し、時には日本にも「迷い鳥」としてやってくることがあるそうだ。だからこの詩が作られた黄河流域にペリカンがいても、実はそれほど不思議ではない。

ペリカンが沼の水をかいだして魚を食べるという話は聞いたことがないが、しかし「クチバシの下に袋がある」鳥についてあれこれ考えた江戸時代の儒学者は、この詩の解説に、アヒルのような鳥を描いている。実際にペリカンを見たら、さぞや驚いたことだろう。

いろいろな「餅」を「画」に描け

二〇一九年五月二十六日

子どものころ、国民的名作漫画「サザエさん」を読んでいて、カツオ君とワカメちゃんが火鉢で焼いている餅が四角く描かれているのが不思議で、母に理由を聞いたら、たぶん作画の都合でそうなっているのだろう、と適当なことを答えられた。餅は丸いものと決まっている関西で育った私が、東日本の餅は四角いと知ったのは、大学生になってからだった。

「画に描いた餅」という成語がある。三国時代・魏の文帝が、「優秀な人材を集めて皇帝の側近集団を作れ」と人事局長官であった盧毓《ろいく》に命じ、その時に「(人材を) 選び挙ぐるに名有るを取るなかれ、名は地に画きて餅を作《な》すがごとし、啖《くら》うべからず」(『三国志』魏書・盧毓伝) と告げた。単に名声だけ高い者ばかりを集めてはいけない。地面に描いた「餅」が食べられないように、名前だけの者は使い物にならない、といましめたわけである。

この話から、実用的でない、あるいは無駄・徒労のことを「画餅」という。ただし「画餅」を日本語で読むと「ガベイ」となり、耳で聞いてもなんのことかよくわからない。それで同じことを「画に描いた餅」というようになった。

さてここで画に描かれる「餅」とは、いったいどんなものだったのだろうか？

日本の「餅」のように、モチ米を蒸して搗《つ》きかためた食品は中国にもあるが、それは「餅」という漢字ではあらわされない。中国最古の文字学書『説文解字』には「餅は麪餈《めんし》なり」とあり、その「麪」は『説文解字』に「麦屑末」とあるから小麦粉のこと、二文字目の「餈」には「稲餅」というから、これが日本式のモチのこと。だから古代の「餅」とはどうやら小麦粉をこねて蒸した、蒸しパンのような食品だったと思われる。

だが今の中国でいう「餅」はモチとはかなり様子がちがい、小麦粉を練って焼いたり蒸したり揚げたりしたものをすべて「餅」とよぶ。「焼餅《シャオビン》」といっても「焼き餅」ではなく、小麦粉を練って焼いた小さなパンで、主食として炒め物などをこれにはさんで食べる。「煎餅《チェンビン》」も「せんべい」ではなく、やはり主食で、北京ダックや炒め物などを包んで食べるクレープのこと、「餅乾」はビスケットだし、「月餅」も「餅」の一種である。

中国の「餅」にはものすごい数の種類がある。だからもし盧毓が人材登用で皇帝の命令にさからっていくつかの「餅」を描いていたら、その中にすぐれた人物の一人や二人はいたのではなかっただろうか。

「米」はイネではない

二〇一九年六月二日

新幹線に乗って窓から風景を眺めていると、季節の推移が如実に実感され、六月に入ると早いところでは田植えもすみ、イネが青々と色づいている。生活の多くの面が西洋化しつつあるとはいっても、やはり日本の食事にはコメが欠かせない。「人はパンのみにて生きるものにあらず」。どうか豊作であってほしいものだ。

イネの原産地についてはこれまでさまざまな研究がおこなわれてきたが、近年では長江下流域を原産地とする説が有力のようだ。浙江省寧波《ニンポー》市近郊の余姚市にある「河姆渡《かぼと》遺跡」は今から七千年ほど前の新石器時代の遺跡だが、一九七三年におこなわれた発掘で、そこから数十センチの厚さにわたってイネのもみ殻とワラが堆積しているのが発見され、また骨製の鍬《くわ》の先端部などが出土したことから、その時代の長江下流域には稲作文化が存在していたと考えられるようになった。

しかし古代中国文明のより大きな中心であった黄河流域にイネの栽培が伝わるのは、それからかなり時間がたってからとされる。「米」という漢字は黄河中流域で使われていた「甲骨文字」の中にすでにあるが、しかしそれはなにかの穀物の穂に穀粒が付着しているさまをかたどった文字で、その穀物がイネであるとは断定できない。

日本では「米」を「コメ」と読み、イネの果実から外皮を取り除いた粒を指すが、しかしこの字はもともとイネの実を意味したのではなく、穀物の実を脱穀した粒の総称として使われた。《米》という要素によって意味をあたえられる漢字として「粥」（かゆ）や「粽」（ちまき）、「糯」（もちごめ）などイネ関連の食品があるほかに、イネ以外の穀物、たとえば「粟」（アワ）や「粱」（大粒のアワ）などがあるのは、そのような理由による。

「米」がイネ以外を意味する使い方は今も残っていて、中国ではイネを「大米」というのに対して、イネよりも粒が小さいアワを「小米」という。

アメリカ大陸が原産地のトウモロコシは、明の時代にポルトガル人によって中国に持ちこまれたとされ、そのままゆでて食べたり、粒をスープにいれるほか、乾燥させた粒をひいた粉から麵や「饅頭《マントウ》」（蒸しパンの類）などを作る。つまりそれはコメや小麦と同じように「主食」として食べられる穀物であって、それが中国語で「玉米」とよばれるのも、「米」が粒を食べる穀物の総称として広く使われる漢字だったからである。

令嬢を射止めた劉邦の「名刺」

二〇一九年六月九日

名刺は個人の姓名や勤務先、住所、電話番号などを非常にコンパクトな形で伝え、さらにその情報を長期にわたって保存できる、まことに重宝なツールである。日本では名刺がビジネスマンや商店の経営者たちに必携のものとなっていて、就職と同時に自分の名刺を持ったという人もたくさんおられることだろう。この数年のあいだに、従来は紙媒体で作られてきたさまざまな書類や伝票などがどんどん電子化されているが、それでも名刺はまだ当分のあいだ紙で作られることだろう。

近ごろ来日される中国からの客はほとんどの方が名刺を持っておられ、中国国内でも名刺を交換する習慣がすっかり定着している。なにを当たり前のことを、と思われるかもしれないが、一九九〇年代くらいまでの中国では名刺がほとんど普及しておらず、出張先の北京で、アポを取っていた企業の受付に名刺を出すと、係員は当方の用件そっちのけで名刺を珍しげにながめ、「日本では一枚いくらくらいする？」とたずねられたこともあった。

しかし「名刺」という便利なものを発明したのも実は中国で、その発明は大変に古いことであった。名刺はもともと「刺」または「謁《えつ》」といい、紙が発明される前から、木の札に自分の姓名や相手への用件などを書きつけた。それをさしだして、相手に面会を求めることを「刺を通ず」といった。

漢の高祖劉邦は、もともと田舎の下級役人であった。ある時、その地方に呂氏《りょし》という豪族が逗留したので、土地の名士たちが続々と彼を訪問したが、手土産として持参する金が「千銭」以下の者は座敷に通してもらえなかった。

ところが劉邦はまったく無一文であるくせに、「銭万もて賀す」と「謁」に堂々と嘘を書いてさしだした。驚いて出迎えた呂氏は、人相を見ることに長《た》けていたので、こいつはそのうちきっと大人物になるにちがいないと見てとり、厚く遇してさらには自分の娘を彼に嫁がせた。これがやがて高祖の妃となった呂后なのだが、この時に劉邦が面会を求めてさしだした「謁」がほかでもなく名刺であり、この謁には持参した金高が記されていたようだ。

名刺には姓名だけでなく、時には相手に対する挨拶や用件なども書き添えられた。日本の営業マンも、外回りの時の名刺に「年収は一億円なり」程度のホラを刷りこめば、得意先の社長令嬢と結婚できるかもしれない。

「琴」を抱えて李白と会う

二〇一九年六月十六日

日本でも多くの人々に愛唱される、李白の「山中にて幽人と対酌《たいしゃく》す」という詩がある。

両人対酌すれば　山花開く
一杯一杯　また一杯
我は酔うて眠らんと欲す　卿《けい》はしばらく去れ
明朝意あらば、琴《キン》を抱いて来たれ

（花のもとで友と酒を酌みかわし、一杯一杯と飲むうち、すっかり酔ったのでひと眠りする、明日その気になったら琴をかかえてまたおいで）

酒を愛した李白らしい作品だが、詩の最後に李白から「明日その気になったら『琴』をかかえてまたおいで」と誘われた友人は、翌朝もういちど「琴」をかかえて、山中に向かったのだろうか？

今私たちが使う「琴」という漢字は、長方形の胴の上に張った十三本の弦を琴爪で弾く弦楽器をあらわしている。琴の長さは流派によってちがい、山田流では六尺（約百八十センチ）、生田流の琴には六尺三寸（約百九十センチ）に及ぶものもあるとのことだが、いかに李白によばれたとて、そんな二メートル近い楽器をかかえて、山の中まで会いにいくのはさぞかし大変だろう……と心配する必要はまったくない。

中国の古典に出てくる「琴《キン》」は、長さ約百三十センチ、幅二十センチほどの楽器で、弦を七本張るが琴柱《ことじ》はなく、左手で弦を押さえ、右手で弦をはじいて演奏する。この中国の「琴」も決して小さくはないが、しかし李白と飲めるのだったら、がんばって持って行けるくらいの大きさだとはいえるだろう。

いま日本で「琴《こと》」とよんでいる楽器は、もともと「箏《そう》」という名前のものだった。「琴《キン》」と「箏《ソウ》」は別の楽器で、どちらも奈良時代に日本に伝わったのだが、その後日本では楽器としての「琴」が姿を消し（正倉院には唐代の御物が残っている）、漢字だけが残った。

いっぽう「箏」はその後も日本で使われ続けたが、戦後に漢字制限のために作られた「当用漢字表」に「箏」が収録されず、この字が公文書などで使えなくなったので、「箏」の書き換えとして「琴」が使われるようになった。これは「暴挙」だと思うが、それはさておき、大きな「箏」をかかえた友がきたら、李白もさぞ驚いたことだろう。

囲碁を打つ「棋士」

二〇一九年六月二十三日

定年退職してから、連日のように碁会所に通っている先輩がいる。先日ある宴席でお目にかかったら、久闊《きゅうかつ》を叙するまもなく、最近プロ入りした小学生の少女棋士についてずっと語り続け、まるで自分の孫ででもあるかのように「自慢」していた。

いっぽう将棋の世界でも、立て続けに新記録を樹立して、斯界の話題を独占している少年棋士がいる。

囲碁でも将棋でも、若い世代から抜群にすぐれた能力を有している人材が輩出していることはまことにすばらしいが、しかしまったく別ものである囲碁と将棋が、どちらも「棋士」によっておこなわれるのは、いったいなぜなのだろう。

「琴棋書画《きんきしょが》」ということばがある。かつての中国で「文人」とよばれた知識人がかならず身につけておかねばならない才芸のことで、そこに琴（音楽）・書・画とともに「棋」、すなわち囲碁が挙げられている。

「棋」は戦国時代の文献に見え、もとは「六博《りくはく》」という、すごろくに似たボードゲームに使う駒をあらわした。この「棋」にはまた、《木》を下に配置した「棊」という異体字がある。ゲームに使う駒が木製だから「棋」（あるいは「棊」）のように《木》ヘンとなっているのだが、やがてこの漢字が囲碁の「駒」をあらわすようになった時、道具が石製だからと「棊」の下にある《木》を《石》に変えた文字が作られた。それが「碁」で、中国でも古くは囲碁をあらわす「棋」の異体字として使われたが、しかし今の中国では囲碁のことを「围棋」（「围」は「囲」の旧字体「圍」の簡体字）と書き、「碁」という漢字をほとんど使わない。

いっぽう「棋」という漢字は囲碁のほかに、日本では将棋を、中国では中国将棋をあらわすから、単に「棋士」といっても、それが将棋指しなのか碁打ちなのかがわからない。囲碁好きの先輩は、碁打ちは「碁士」と書いて「ゴシ」と読めばいいと主張するが、だが「碁」はもともと「棋」から派生した漢字だから、「碁」の音読みも当然キである。日本の漢和辞典では「碁」にゴという呉音の音読みを載せているが、しかし中国語で読めば「棋士」も「碁士」も同じ発音になるから、耳で聞いただけでは区別がつかない。

それでも日本での囲碁のプロには、「棋聖」と「碁聖」のタイトルがある。よく混乱しないものだと思ったら、やはり「碁聖」をゴセイと読んでいるとのことだった。

信義に篤い「尾生の信」

二〇一九年六月三十日

むかし中国に尾生高《びせいこう》という男がいた。尾生（二文字の姓で、もとは「微生」と書いた）はある時、女性とデートの約束をし、川にかかる橋の下で待ちあわせと決めた。男はいくつになってもデートの約束に心おどるもので、尾生もきっと、彼女に逢える日を心待ちにしていたことだろう。

デートの当日、尾生はウキウキと出かけたにちがいない。私の考えでは、デートの際には約束の時刻よりも少し早めに着くのが男のマナーである。よほど突発的な事態などが生じない限り、大切な人を待たせるべきではないと思うからだが、ともかく尾生は時間より前に約束の橋の下までやってきた。

しかししばらく待っても彼女は来ない。こんな時にあせるのは禁物だ。ちょっとだけ寝すごしたとか、化粧がうまくのらないとか、着てゆく服が決まらないとかで、十分や十五分くらい遅れるのは当たり前のこと、三十分や小一時間の遅延でも、交通機関の都合ということだって考えられるではないか……もちろん携帯電話などない時代である。

だが何時間待っても、彼女は来ない。尾生はそれでも約束を守るため、その場を動かない。そうこうするうち、上流からだんだんと水が押し寄せ、水かさが増してきた。それでも彼女は来ない。水はどんどん増えてくる。だが尾生は約束を守ってその場を離れず、とうとう橋脚を抱いたまま、おぼれ死んでしまった。

話は『荘子』（盗跖《とうせき》）に見え、この愚直な行動から「融通のきかない馬鹿正直」のことを「尾生の信」というようになった。だが彼はまた信義に篤い人物と評価されることもあって、強大化しつつある秦に対抗するために列国に合従《がっしょう》策を説いた蘇秦《そしん》は、固く約束を守る人物のたとえとして尾生を使っている。

『荘子』では尾生が嘲笑の対象とされているのだが、私はどうも尾生を笑う気もちになれない。恋しい女性を待っていれば、自分だって尾生と同じようになるだろうと思うからだ。中国語に「不見不散」というういい方がある。「見《あ》わざれば散ぜず」、つまり会うまでその場を離れないという意味で、今も中国人が待ちあわせする時によく使う表現である。

尾生はその「不見不散」を実践したのだから、模範的な人物として表彰されてもいいとまで私は思う。

「女紅」は労働のこと

二〇一九年七月七日

かつて旧暦の七月七日夜には、中国をはじめ東アジアの国々で女性たちによって特別のイベントがおこなわれていた。六世紀の長江中流域における年中行事を記した『荊楚歳時記《けいそ》』に「七月七日は牽牛《けんぎゅう》と織女が聚《あつ》まり会するの夜」とあり、さらにこの夜には女性たちが七本の針に五色の糸を通し、供え物を並べて、針仕事の上達を祈ったと記されている。七夕《たなばた》のことを別名で「乞巧奠《きっこうてん》」とよぶのはこれに由来し、「乞巧」は「巧みなるを乞《こ》う」こと、「奠」はそのために供え物をすることである。

女性たちがこの夜に上達を願った、糸と針にまつわる裁縫や手芸、機織りなどをかつて「女紅《じょこう》」とよんだ。「女紅」は漢代からある古いことばで、前漢の第六代皇帝景帝《けいてい》（劉啓）が前一五七年に発した詔勅の冒頭に「雕文刻鏤《ちょうぶんこくる》は農事を傷《そこ》ない、錦繡纂組《きんしゅうさんそ》は女紅を害す」という一文がある。難しい漢字がたくさん出てくるが、景帝が発布した詔勅の意図は国家の基本である農業を発展させることにあって、「雕文刻鏤」（道具に華美な装飾を加えること）は農業の発展を阻害し、また「錦繡纂組」（贅沢で派手な衣装）は女性の労働を妨害すると警告して、社会における倹約を命じた。

ここに見える「女紅」を、その文字面から「女性のあでやかな装い」という意味かと考える人も多いだろうが、「紅」は「功」または「工」の意味であり、「男耕女織」社会での「女紅」（女の仕事）は、裁縫を主とする「縫い物」労働のことだった。つまり景帝は女性が華やかなファッションにうつつをぬかしていると、家事がおろそかになるといましめたわけだ。

京都市内を流れる鴨川にかかる丸太町橋の西南詰に「女紅場址」と書かれた石柱がある。もともとそこには五摂家の一つである九条家の河原町別邸があって、一八七二（明治五）年、その中に日本最初の女性のための高等教育機関が設けられた。それが「女紅場《にょこうば》」であり、そこでは裁縫・手芸・染色など伝統的な「女紅」のほかに「読み書き算盤」に関する授業もあり、後年には英国人を教師に招いての英語の授業までおこなわれた。

その跡地の横に建つビルには今大手のスポーツジムが入っていて、朝から夜まで、多くの女性がマシンやエアロビクスで汗を流している。景帝が発した詔勅から二千年以上の時間がたち、その間に「女紅」の中身も大きく変化したようだ。

「机」と「機」の関係

二〇一九年七月十四日

今の中国では漢字の構造を簡略化した「簡体字」が使われており、たとえば空港を「飞机场」と書くと話すと、ほとんどの日本人には最初が「飛」の、最後が「場」の簡体字だろうと見当がつく。だがそれでも「飛机場」の三文字でどうして「空港」という意味になるのかは、なかなかわからない。問題は真ん中の「机」であって、これは実は「機」の簡体字として使われているので、もとの字形に直すと全体で「飛機場」となる。

中国語では「機」と「机」がまったく同じ発音なので（日本語の音読みもともにキ）、「機」のように十六画もある複雑な漢字を使わず、同じ発音でもっと簡単に書ける「机」（六画しかない）を代わりに使うこととした、というわけだ。このように、ある文字をそれと同音で、もっと簡単に書ける別の漢字で置き換えてしまう方法を「同音代替」といい、これと同じ方法で、「穀」の簡体字として「谷」を使い（「穀物」を「谷物」と書く）、「徵」の簡体字として「征」を使う（「特徵」を「特征」と書く）。

中国でも「机」はかつて「テーブル・つくえ」の意味で使われたが、今の中国語ではテーブルを「桌」であらわし、「つくえ」という意味では「机」をほとんど使わない。だから現代中国の印刷物で「机」という漢字が出てきたら、それはほとんど「機」の簡体字であると考えてよい。ラジオは「収音机」といい、「机器人」とは「機器人」、つまりロボットのこと、チャンスは「機会」ではなく「机会」と書かれる。同様に携帯電話を「手机」と、スマホを「智能手机」と書く。「手机」という字面を見ると日本人なら「小さなデスク」のことかなと考えてしまうだろうが、それはとんでもないまちがいなのである。

「機」は難しいからもっと簡単に書ける「机」ですませてしまうというのは、日本人にはまことに大胆な、とんでもない方法に思える。そんなことをして、中国人は読みまちがったり混乱したりしないのか、と心配したくもなるだろう。しかし「手機」でも「手机」でも、書かれた文字を声に出して読めばまったく同じ発音になるから、実際に意味を取りちがえることはない。

それはかつての日本語で「訣別」とか「車輛」、「月蝕」「廻転」「抛棄」「義捐金」と書かれていたことばが、今「決別」「車両」「月食」「回転」「放棄」「義援金」と書かれるのと、実はまったく同じことなのである。

「従」の簡略化は中国に軍配

二〇一九年七月二十一日

中国を訪れ、街角にあふれる簡体字（簡略化された漢字）を目にした時、「中国がどんどん新しい『略字』を作ったので、日本人には中国の漢字がわからなくなってしまった」とぼやく人がいる。特に年配の方が訪中した時にそんな感想を持つことが多いようで、私も実際にそのような発言をなんどか耳にしている。そして簡体字への言及は多くの場合、言外に、嘆かわしいとか、けしからんという感情がこめられているようだ。

たしかに簡体字の中には「漢」が「汉」、「歓」が「欢」、「権」（權）が「权」、「聖」が「圣」と、まったくことなった形なのに一律に《又》という要素で処理されるなど、不合理な作り方をしているものもある。しかし今使われている簡体字の中には漢字本来の構造にもとづくものもあって、これらは伝統的な漢字文化の延長線上にあるといっても過言ではない。

今見ることができる最古の漢字「甲骨文字」はだいたい三千年ほど前のものだが、その中に「人」を二つ横に並べた「从」という漢字がある。「人」は人間を横から見た姿をかたどった象形文字で、それを二つ並べた「从」は、ある人が前の人につきしたがっていることから、「したがう」という意味をあらわす。

この「从」に、「小道《こみち》」をあらわす《彳》（ぎょうにんべん）と、「走」（人が走るさま）の下半分を加えて、「從」という字形が作られた。

「從」は、ある人が前をゆく人の後ろにつきしたがいながら道を進んでいくことをあらわす漢字で、現代の中国では古代の「从」をそのまま「從」の簡体字とした。十一画もある「從」を、「从」とわずか四画で書けるようにしたのだから、相当な簡略化である。

いっぽう日本でも戦後に漢字改革で多くの漢字の字形がかわり、一九四九（昭和二十四）年の「当用漢字字体表」によって、「したがう」と読む漢字はそれまでの「從」から「従」という形になった。だがこの漢字が「したがう」という意味をあらわすのは、旧字体に含まれる《从》の部分に由来する。《从》はいわばこの漢字の心臓部なのだが、その部分が「従」ではわけのわからない記号にされてしまった。

「從」を「従」とすることで、全体の画数は一画だけ減ることになったが、そのかわりにもっとも重要な部分だった「从」がなくなってしまった。「从」と「従」に見える簡略化については、あきらかに中国の方に軍配をあげるべきである。

みやびな「巫山の雲雨」

二〇一九年七月二十八日

全長六千キロに及ぶ長江のうち、四川省の白帝城から宜昌《ぎしょう》市までは険しい峡谷の中に奇岩や巨峰が連続する景勝地で、そこでの上流から順に瞿塘《くとう》峡・巫《ふ》峡・西陵《せいりょう》峡と名づけられる「三峡」は、かつては長江通行での最大の難所として人々を苦しめたが、現在では河道が整備され、大型の定期船も就航できるようになって、「三峡下り」の名で国内外から多くの観光客が訪れるようになった。

この三峡の一つである「巫峡」は、巫山《ふざん》という山から名づけられた名前だが、「巫山」と聞けば、昔の中国のインテリはニヤニヤしたものだった。

戦国時代の大国「楚」の襄王《じょうおう》が雲夢《うんぼう》という土地に遊んだところ、不思議な雲が目に入った。雲は高く立ちのぼったかと思えば低くたなびき、さまざまな形に変化した。不思議に思った王が宋玉《そうぎょく》という文人にたずねたところ、宋玉は次のような話をした。

先王である懐王《かいおう》さまがかつてこの地に来られ、ある館《やかた》でしばらく昼寝をされたところ、夢に一人の女性が現れ、「自分は天帝の末娘ですが、嫁ぐこともなく世を去り、今は巫山の南に祭られています。王が今こちらにおられると聞いて、お訪ねいたしました。どうぞ私と枕をともにしていただきたいものです」と告げた。

王はそこでその女性と情を交わされたのだが、帰るまぎわになって女は「こうして王と契りを結んだ限りは、これから朝は雲になり、夕には雨になって、ずっと王をお慕い続けます」と告げた。翌朝になって、契りを結んだ女性が住むという巫山の南の方を眺めると、そこには彼女がいった通り雲が垂れこめていた。それで王は女を偲んで、彼女を祭った廟を建てられました……。

この話から「男女が情交をかわすこと」、またそうして得られた「男女間の深い契り」のことを「巫山の雲雨」というようになった。

男女の情交に関する表現は、日本語にも古くから今にいたるまで、典雅なものから卑俗なものまで実に多様ないい方があるが、これほど情緒あふれた、美しい表現はちょっと他に見あたらない。近代西洋文明の浸透とともに、かつては必須の教養とされた漢文の表現がどんどん忘れられ、死語となったことは時代の趨勢だとは思うが、しかしこういうきれいな表現だけは、ぜひとも次の世代に伝えていきたいものだ。

二〇一九年八月四日

なぜ異体字が作られるか

一九四八（昭和二十三）年に作られた「戸籍法」によって、日本人の名前に使える漢字に一定の制限が設けられた。だが姓にはそれぞれの家系で長い歴史的背景があるから、自分の姓にある漢字について、独自の主張やこだわりを持っている方が世間にはたくさんおられる。「富」に対する「冨」、「島」に対する「嶋」、「梅」と「楳」、「秋」と「穐」、「辺」と「邊」と「邉」など、世間で日常的に書かれる漢字とはちがう形の文字を姓に使っている人が、どなたのまわりにもきっとおられることだろう。

漢字にはこのように、発音と意味は同じだが漢字の形がちがうというグループがあり、姓や地名など固有名詞に使われる漢字はだいたい字形が固定しているが、一般の名詞などでは字形に揺れがあって、そのうち標準的な字形として社会に定着しているものを通用字体、それとことなった形のものを異体字とか別体字とよぶ。

ただし、なにをもって通用字体と異体字をわけるか、その区別は社会でどれくらい使われているかという判断にもとづくことが多く、学問的に明確な基準が存在しないこともある。

さらには標準字形が時代によってことなることもある。たとえば「群」と「羣」はどちらも《羊》と《君》からなり、同音同義だから異体字の関係にある。この二字について、いつも引きあいに出す中国最古の文字学書『説文解字《せつもんかいじ》』（西暦一〇〇年）では「羣」が見出し字とされ、「群」は載っていないが、北宋時代の『玉篇《ぎょくへん》』（一〇一三年）になると「群」が親字とされ、「羣」は載っていない。さらに近年になるとほとんどの場面で「群」が使われるようになったので、今は「群」を通用字、「羣」を異体字と考える。

異体字の歴史は非常に古く、現存最古の漢字である「甲骨文字」からすでに存在するが、特に漢代あたりから多くの役人たちが日常的に漢字を書くようになると、より簡単に文字を書こうとして字形をくずす傾向が強まった。

また文字が書かれる素材が多様化したことも、異体字の増加に拍車をかけた。石に文字を刻んで石碑を作る時には鉄製の鑿《のみ》が使われ、表面が滑らかな紙に文字を書く時には、先端にヒツジなどの柔らかい毛をつけた筆が使われた。このようにことなった道具を使う状況では、同じ人物が同じ漢字を書いても、同じ形で書かれる方がむしろ不思議である。

文字文化の多様化とともに、多くの異体字が生まれたのは当然のことであった。

「禾」と「釆」の由来

二〇一九年八月十一日

暦の上で秋がはじまる日を「立秋」という。

「秋」という漢字は、古くは《禾》と《龝》と《火》を組みあわせた、非常に複雑な形に書かれ、《禾》の部分で「穀物が実る季節」という意味を、《龝》と《火》をあわせた部分で「シウ」という発音をあらわしていた。「秋」はそのうち《龝》を省略した形であり、また《火》を省略した「龝」や、そこからさらに《龝》を《亀》と略した「穐」も、歌舞伎や大相撲で「千穐楽《せんしゅうらく》」という表記に使われ、また「あき」という読み方で姓にも使われる。

ところで「秋」や「種」「稼」などについている《禾》という部首が「のぎへん」という名前であることは、いまさら書き記す必要もないことだろう。だが「のぎへん」の「のぎ」とはなにか、また「禾」をいったいなぜ「のぎへん」というかについては、世間ではあまり知られていないようだ。

「のぎ」とは、イネ科植物での花にあたる部分（「小穂《しょうすい》」とよぶそうだ）の外側にある細い針のような毛のことで、それを漢字では「芒《ぼう》」と書いた。季節の推移をあらわす「二十四節気」の一つに「芒種《ぼうしゅ》」（六月五〜六日）があるが、それはもともと「芒のある植物のタネをまく季節」という意味での命名である。

いっぽう「禾」は穀物が実って穂をつけているさまをかたどった象形文字で、その穀物はアワだったと考えられる。のちにアワから意味が広がってイネ科の植物全般をあらわし、「稲」や「稗《ひえ》」「黍《きび》」などの品種、あるいは「穂」や「藁《わら》」など穀物に関係する漢字の構成要素にもなるが、しかし中国の文献をいくら探しても、「禾」が「のぎ」つまり穀物の先にある細い毛という意味で使われている用例はまったく見いだせない。

「禾」を「のぎ」と読むのは、日本人がその漢字にあたえた独自の読み方であって、このようなものを「国訓《こっくん》」という。ただこの国訓には面白い由来があって、「禾」を分解するとカタカナの《ノ》と漢字の《木》になるから、それで「のぎ」と読む。そしてまったく同じように、「釈」や「釉」などのヘンになっている「釆」も、《ノ》と《米》に分解できることから「のごめへん」とよぶ。

こんな話を学校でもっとたくさん教えれば、漢字に興味を持つ子どもが少しは多くなるのではなかろうか。

おめでたい餃子

二〇一九年八月十八日

近ごろ私がよく行く中華料理店のメニューには焼き餃子のほかに「羽根つき餃子」があって、羽根つきの方が十円高くなっている。店主に聞けば、子ども客がよろこぶので、「羽根つき」を用意しているとのことだった。

日本ではどこの中華料理店にも焼き餃子がメニューにあるが、餃子は決してメインディッシュにはならない。だが中国（主に黄河より北）の餃子はほとんどの場合主食として食べられるもので、中国で「餃子」といえば水餃子のことだが、ランチタイムにそれだけを食べることも珍しくない。そもそも餃子の店はだいたい専門店で、餃子には何種類かあっても、焼きそばとか炒め物料理などはないのが普通である。

「餃」という漢字が文献に現れるのは宋代からで、一〇三九年にできた『集韻《しゅういん》』という発音引きの字書には「餃は飴なり」と書かれているが、この「飴」はアメではなく、白玉団子のようなものと考えられる。

ちなみに「餃」の音読みは「コウ」で、それを「ギョウ」と読むのは山東省の方言が日本に定着した結果だといわれる。餃子の原型と思われる食品は五～六世紀からあったようで、古くは動物の角《つの》のような形に包まれ、そこから「粉角」とか「角子」とよばれた。それが後に、「角」と同じ発音の《交》に《食》ヘンをつけた「餃」であらわされるようになった。

学生時代に教わった中国人先生から聞いた話では、餃子は日本の餅にあたるめでたい食品で、他家に嫁いだ娘が新郎とともにはじめて里帰りしてきた時には、もてなしの食事に餃子が用意された。ただしその時にはわざと生煮えにしておき、「餃子はいかがかな?」と新婚夫婦にたずねると、夫婦は「生《なま》です」と答える。

これには実は裏があって、「餃子」は「交子」、つまり「子どもを授ける」という表現と同じ発音になり、そして夫婦が答えさせられる「生」という返事は、餃子が生煮えであるという意味とは別に、もちろん「うむ」という意味にもなる。

つまり餃子が生煮えであるとの答えが、実は子どもを生みますよ、との宣言にもなっているわけだ。一つの漢字にいくつもの意味があるという「一字多義性」によって「生」という漢字をたくみに使っているわけで、このあたりに、さすがは文字の国だなと思わせるウイットが感じられる。

「頁」がページになったわけ

二〇一九年八月二十五日

漢字の部首にはだいたい日本語での読み方が決まっていて、《氵》は三つの点で水に関係することをあらわすからサンズイといい、《辶》は「之《シ》」に似ていることから「之繞《しにょう》」とよばれたものがシンニョウと変化したという（「進」字に使われている繞《にょう》だからという説もある）。これらは命名の理由がわかるのだが、中には理由がわからないものもあって、たとえば「頭」や「顔」の右側にある《頁》は、なぜ「おおがい」なのだろうか。おそらく《頁》が《貝》と似ていて、「貝」よりも画数が二画多いことから「大貝」というのだろうが、しかし「頁」が「貝」と似ていても、意味の面で「貝」に関係があるわけではない。

「頁」はひざまずいた人間の頭部を強調した形で、だから「顔」や「頭」「額」など、人の頭に関する漢字に使われている。いっぽう今の日本語では「頁」を「ページ」という意味で使い、中国語でもホームページのことを「家頁」と書いたりするが、しかしこの字に最初から「ページ」という意味があったわけではない。

人の頭を意味する時の「頁」の音読みは「ケツ」だが、ちょっと大きな漢字字典には別に「ヨウ」という音読みもあって、「『葉』に同じ」という意味のことが書かれているはずだ。

謡曲や浄瑠璃の台本などは、今でも昔の書物で使われた和綴じになっていて、この製本形態を「袋とじ」とか「線装本」とよぶ（「線」は糸のこと、糸でかがって綴じた本という意味）。これは紙を中心から山折りにして順に重ね、揃えた端を糸で綴じた形になっていて、要するに私たちが資料などをコピーしたあと二つ折りにして揃えてから、端をホチキスで綴じるのとまったく同じやり方である。

書物の作り方に関しては、和綴じの書物に使われている紙を「葉《よう》」という単位で数える。これを日本では「丁《ちょう》」ともいい、「落丁」「乱丁」というが、それは日本だけの用法である。

袋とじでは紙を二つ折りにするから紙一枚が二ページになり、それぞれのページを「第◯葉」の表とか裏とよんだ。ところが「葉」は画数が多い漢字なので、やがて同じ発音でもっと簡単に書ける「頁」を、「葉」のあて字として使うようになった。

「頁」（本来は「葉」）は一枚の紙という意味だったのだが、のちに西洋式製本の書物が入ってきた時に、この文字でページをあらわすこととした。こうして「頁」にページという意味がそなわり、やがてそちらが主流になったというわけである。

苦吟を「推敲」する

二〇一九年九月一日

唐の時代に賈島《かとう》（七七九〜八四三年）という詩人がいた。筆が遅く、いい着想が浮かんでもなかなか詩の形にならないことで知られていたが、ある時ちょっといい対句《ついく》のフレーズが浮かんだ。それは、

鳥宿池辺樹　　鳥は宿る　池辺の樹
僧推月下門　　僧は推す　月下の門

というものだったが、しかし苦吟タイプの彼は、「推す」を「敲《たた》く」とした方がいいのではないかとも考えた。

「推す」も捨てがたいが、「敲く」には視覚的な効果のほかにコンコンという音の響きもある……はて、どちらがいいかと考えながらロバに乗っていると、向こうから政府高官の行列がやってきた。高官の行列がきたら、一般人は道端に寄って通りすぎるのを待たねばならないが、詩作に夢中の彼はそれに気づかず、高官の行列にぶつかってしまった。

この無礼者め！　と取り押さえられ、高官の前に連れて行かれた詩人が頭を深々とさげ、「つい考えごとをしておりまして……」と非礼をわびたところ、この高官が長安の知事を務めていた韓愈《かんゆ》という人物だった。韓愈は唐代を代表する高名な文学者の一人で、詩作にふけったあまり行列にぶつかった若き詩人と韓愈は、たちまち詩の話に花を咲かせた。

賈島が苦吟中の詩について、「推」と「敲」のどちらがよいかとたずねたところ、韓愈は即座に「『敲』がよいだろう」と答えた。ちなみにこの詩は「李凝《りぎょう》の幽居《ゆうきょ》に題す」という題で賈島の詩集に入っているが、そこではもちろん韓愈の指示にしたがって、「僧敲月下門」と書かれている（『長江集』巻四）。

この賈島の、「推」にするか、それとも「敲」の方がいいかという逡巡《しゅんじゅん》から、「推敲《すいこう》」ということばが生まれた。このことばが日本の学校教育にも取りこまれ、一度書いた文章をなんども読み返し、文書を練り直すという意味で、小学校の作文指導などでも使われるが、「敲」が当用漢字にも常用漢字にも入っていないから、教科書や参考書ではひらがなで「すいこう」と書かれる。しかし字面《じづら》を見ず、耳で「すいこう」と聞いただけでは、なんのことやらさっぱりわからない。

漢字は難しいが、かなで書いたらわかるだろう、と考える安易な発想がそこにある。

「正宗川菜」はどんな店？

二〇一九年九月八日

　仕事や旅行でアメリカに行けば、英語ができないとホテルやレストランなどでもなにかと不便な思いをする。ましてヨーロッパに行けば、国によってフランス語やドイツ語、イタリア語、スペイン語などさまざまな言語に出くわすから、地図の記載や駅の案内などもそれらの言語を勉強したことがある人にしかわからない。

　しかし中国や香港、台湾に行けば、土地の人々が話していることばはわからなくとも、漢字で書かれた単語なら意味がだいたいわかるという、甘い認識が世間に流布している。

　たしかに「委員」とか「明日」「百貨店」など日中同形同義の単語はたくさんあるし、「洗衣粉」（洗剤）とか「冰箱」（冷蔵庫）など、少し考えれば意味が推測できる単語もないわけではない。しかし日中双方でよく使われる漢字をまったく同じように並べても、実際の意味が日本語と中国語で大きくちがうというケースはしばしばある。漢字で書かれる中国語の意味を日本人が正しく理解できるとは限らず、もちろんその逆もまたしばしば起こる。

もうずいぶん前のことだが、漢字に関係する遺跡や博物館をめぐるツアーの解説者として、なんどか中国に行ったことがある。参加者は三十名前後で、大型バス一台で各地をまわるのだが、移動途中はひまだから、車窓から見える文字についてよく質問をうけた。

なかでも「正宗川菜」についての質問が多かった。中国では大きな街でも小さな集落でも、街道に面したところにある食堂とおぼしき店に、しばしばこの四文字が書かれている。

聞かれるままに答えを教えるのもつまらないので、時々は「どういう意味だと思います？」と相手をじらしたのだが、ある時「有名な銘酒の生一本《きいっぽん》と、コイやフナなんかの川魚を食べさせる店ではないか」と答えた人がいた。なにをいってるのだ！　ここは中国で、信州や四国の渓谷にある料理旅館ではないんだよ！　といいたい気もちをおさえながら、おもむろにかつおだやかに正解をあきらかにしたのだが、「正宗」とは「正真正銘の」という意味、「川菜」は「四川料理」のことである。「正宗川菜」と書かれた看板がかかっている店ではきっと、生粋の（からさを手加減していない）四川料理が出されるにちがいない。

ちなみにからいものには少々自信があるという方でも、「正宗川菜」の店には気あいをこめて入ることをおすすめする。そのからさはそう生やさしいものではないことを、私はこれまでなんども経験している。

「守株」の寓話とウサギの味

二〇一九年九月十五日

「待ちぼうけ」の歌を知らない大学生がいたことにはちょっと驚いた。偶然の幸運にまいあがり、本来の業務を棄てて再びの僥倖《ぎょうこう》を待ち続ける、という話の内容はだいたい知っているけれども、学校の音楽の時間にそんな歌を習ったことがないという。北原白秋と山田耕筰《こうさく》コンビの唱歌「待ちぼうけ」（一九二四〈大正十三〉年）は、昔の子どもならだいたいみな歌えたものだが、最近の学校ではもっとハイカラな曲ばかり教え、伝統的な愛唱歌をあまり取りあげないようだ。

「待ちぼうけ」の歌は、戦国時代の思想書『韓非子《かんぴし》』（五蠹《ごと》篇）に見える、「守株待兎《しゅしゅたいと》」の寓話にもとづく。

宋人《そうひと》に田を耕す者あり。田中に株あり、兎走りて株に触れ、頸《くび》を折りて死す。因《よ》りてその耒《すき》を釈《す》てて株を守り、また兎を得んことを冀《ねが》う。兎はまた得べからずして、身は宋国の笑いと為る。

短い話だから全文を引用したが、ある農夫がせっせと野良かせぎをしていると、どこからか一匹のウサギが跳びだしてきて、追いかけもしないのに、勝手に切り株にぶつかって死んでしまった。まるで「棚からぼた餅」のようにウサギを手に入れた農夫は、翌日から畑仕事をほっぽりだし、一日中ずっと切り株を見守っていたが、二度と幸運は訪れず、とうとう国中の笑いものとなった、というのだが、さて農夫は最初に手にいれたウサギを、いったいどうしたのだろうか？　もちろん食べてしまったにちがいない。

日本ではほとんど食べられないが、ウサギはジビエ（野生鳥獣の食肉）として世界中で料理に使われ、地域によっては食用に養殖もされている。私もヨーロッパのある国で食べたことがあるが、なかなかいけると思ったものだった。ウサギ肉はさっぱりとした味わいで、焼く以外にも煮たり炒めたり、さまざまな料理によく合う。また高タンパク低カロリーでアレルギーを起こす物質が少ないことから、ヘルシーな食肉としても注目されている。

待ちぼうけの農夫もウサギを食べたことは確実だが、さて古代中国ではウサギをいったいどうして食べたのだろう。そんな話を北京に暮らす食通の友人としていると、ウサギは丸焼きにするのが一番で、特に耳の軟骨の部分がおいしいと教えてくれた。

さすがは中国だな、といたく感じ入ったことだった。

「画聖」はだんだん「佳境」に入る

二〇一九年九月二十二日

趣味や仕事でなにかに取り組んでいる時に、精神的状態がしだいに上向きになり、大いに興趣が増してくることを「佳境《かきょう》に入る」という。「佳」は「佳作」や「佳人」という語にも使われているように「よい」とか「すぐれた」という意味の字で、「境」は「境地」というほどの意味である。だから「佳境」の二字で「よい状態」という意味になるのだが、この熟語に関しては、中国絵画史の上で「画聖」とよばれる顧愷之《こがいし》の奇行にまつわる話が出典となっている。

顧愷之（三四六年ころ〜四〇七年ころ）は幼少時からめぐまれた環境の中で文学や芸術の基礎をはぐくまれ、やがて中国絵画史上で最高の評価をあたえられる画家となった。彼は仏教画や山水画を得意とし、特に人物画にたくみであったといい、代表作には宮中に仕える「女官心得」に絵を添えた「女史箴図《じょししんず》」や、魏の曹植《そうしょく》が著した「洛神賦」を絵画化した「洛神賦図」などがある（ただし現存するのはどちらも模本と考えられている）。

顧愷之の伝記は『晋書』の「文苑伝」というところにある。「文苑伝」とは文学的才能のすぐれた人物を集めた伝記であり、そこに顧愷之が入っていることから、彼が画家としての才能だけでなく、文才においても傑出していたことがわかるが、その伝記の末尾に、当時の人々が彼にあたえた「愷之に三絶あり、才絶、画絶、痴絶なり」という評価が記されている。

「絶」とは並外れた才能をいう語で、愷之の「才絶」と「画絶」は理解できるが、のこる一つの「痴絶」とは、「人並みはずれた馬鹿さ」ということであった。「人並みはずれた馬鹿さ」が評価されるとは奇妙な話だが、この時代の文学者や芸術家には奇行が多く、顧愷之も例外ではなかった。

当時の学者や文人のエピソードを集めた『世説新語《せせつしんご》』（排調）によれば、顧愷之は甘蔗《かんしょ》（さとうきび）をいつも根元の方からかじって食べた。不思議に思った人がたずねたところ、顧愷之はこうすれば「漸《ようや》く佳境に入る」、つまりだんだんと「佳境」（いいところ）に入っていく、と答えたという。

まずおいしいところから箸をつけ、まずいところは後まわし、というのは凡人の食べ方で、それでは芸術家への道はけわしい、ということなのだろうか。

ペンギンの「企画」会議

二〇一九年九月二十九日

札幌で仕事があった時に旭川まで足を延ばし、かねてより一度行きたいと思っていた旭山動物園を見学してきた。この動物園は小さいながらも、周到に工夫された展示とスタッフたちの気配りがいたるところに感じられて、とても楽しい時間をすごすことができ、なるほど多くの人から高く評価されるのも当然だ、と深く感じ入った。

旭山動物園では動物がいる居室（？）の前に飼育員さん手作りの説明パネルが掲げられていて、入園して私が真っ先に目指した「ぺんぎん館」でも、ペンギンの種類が日本語・英語・中国語で示されていた。

たとえばイワトビペンギンについては、英語では「Rockhopper penguin」と、中国語では「跳岩企鵝」という説明がついている。どちらも「イワトビ」とまったく同義の訳だが、中国語では「跳岩」のあとに「企鵝」という二文字があって、これがペンギンの中国語である。今の日本ではこの鳥を漢字で書くことはないが、江戸末期から明治にかけて作られた動物図鑑では、ペンギンはこの「企鵝」という名前で登場する。
「企」は「くわだてる」という訓読みがよく知られているが、そのほかにも「つまだつ」（つま先で立つこと）という訓読みがある。実はこの「つまだつ」が「企」本来の意味で、最古の漢字である「甲骨文字」では、「企」は人がかかとをあげ、つま先で立って遠くを眺めている形に書かれている。

空を飛ぶことができないペンギンは、陸上で立ち止まる時には二本の足で直立し、その姿はまるでつま先で立ったまま、遠くを眺めているように見える。それで中国では、ペンギンのそんな様子を「企」という漢字で表現し、ペンギンを「企鵝」とよぶようになったというわけだ。

今の日本語でこの「企」という漢字がもっともよく使われるのは「企画」ということばだが、「企画」とは「つま先で立って遠くを眺める」という意味の「企」と、田んぼに境界線を引くことから「整然と区切る」という意味をあらわす「画」（本来は「畫」）をつないだことばである。

テレビ番組で見る南極の光景では、何百何千ものペンギンがじっと立ったまま群れをなしている。もしかしたら地球温暖化対策イベントの企画会議を開いているのかもしれない。

「温」はなぜ「たずねる」？

二〇一九年十月六日

『論語』（為政）にある「故《ふる》きを温ねて新しきを知れば、以て師と為るべし」という有名な文章から、「温故知新」ということばができた。世間によく知られた四字熟語で、この「温故」は伝統的に「故きを温《たず》ねて」と読むことになっている。しかし「温」はほとんどの場合「あたたかい」とか「あたためる」という意味で使われる漢字であり、この文章だけ「たずねる」と訓じるのは、いったいなぜなのだろうか？

それは、かつての中国で知識人たちが『論語』を読むのに使った書物にそのような解釈が載っているからである。儒学の経典には「古注」と「新注」という二系統の注釈があって、古代から漢代までに作られたものを古注、宋代の朱熹《しゅき》（朱子）らの注を新注とよぶ。

さて論語の古注である『論語集解《しっかい》』（魏・何晏《かあん》撰）では「温故」について「温は、尋ねるなり、故き者を尋繹《じんえき》（たずねきわめる）し、また新しき者を知れば、以て人の師となるべし」と注釈がついており、新注である朱熹の『論語集注《しっちゅう》』にもやはり「温は尋繹なり」という解釈がある。それでこの「温故」を「故きをたずねて」と訓読するのだが、それでは「温」（旧字体では「溫」）にサンズイヘンがついているのは、いったいなぜなのだろう。

「温」は本来ある川の名前をあらわすために作られた漢字だった。文献によれば、今の貴州省から流れる「温水」という川があり、「温」はその川をあらわすために作られた（今は名前が変わっていて「温水」という川は存在しない）。

この「温」の右側に、旧字体では《囚》と《皿》を組みあわせた形があるが、上の《囚》となっている部分は、加熱された容器内に湯気がいきわたっているさまをあらわしていると考えられる。つまり「冷めた食品を湯気で温めなおす」という意味で、ここから意味が拡張されて、「温」がやがて「あたためる」という意味で使われるようになったというわけだ。

電子レンジが普及した今は、料理が冷めてしまっても簡単に温めることができるが、そんな便利な道具ができるはるか前から、あらかじめ決められた手順にしたがって温めれば、冷めた料理もふたたびおいしく食べることができた。それは料理だけでなく、日々に精進を重ねている学問や技芸の習得においても同じで、以前に学んで身につけた基礎を思いだし、それを一定の手順にしたがって「温」すれば、さらに高度な境地に到達できるようになる、というわけだ。

二〇一九年十月十三日

「尾籠」と「大根」の共通点

しばらく前に「佳境」ということばを取りあげ（286ページ）、その由来となったエピソードで、高名な画家の顧愷之《こがいし》がサトウキビを「根元の方からかじって食べ」ると、だんだんと甘くなっていくので、佳境に入ってゆくと書いたところ、読者の方から「根元からではなく穂先からではないか」とのご指摘をいただいた。

改めてその話の出典である『世説新語』（排調）を確認すると、そこには「甘蔗《かんしょ》を啖《くら》うに先に尾を食う」とあり、この「尾」という漢字を私は単純に「垂直方向の下端」と理解して、それで「根元」と書いたのだが、顧愷之の伝記では同じ話が「尾より本に至る」と記されている。だからこの「尾」は「本」に対する末端、つまり根元と反対側にある先端の穂先部分と考えるべきである。実際に、サトウキビは根元の部分が甘いので、「ようやく佳境に入る」ためには、先端から食べていかないと話があわない。

謹んで訂正させていただき、ご指摘に対して厚くお礼を申しあげます。

「尾」とはもともと動物の尻尾を意味する漢字で、尻尾から下端とか末端という意味をあらわし、さらに「尾行」というように、「すぐ後ろ」という意味にも使われる。

青蠅《あおばえ》が「驥《き》」（すぐれた馬）の尻尾に止まったまま、一日で千里を移動したことを「驥尾に附す」といい（『史記』伯夷伝）、そこから凡人がすばらしい先達を見習って行動し、りっぱな業績をあげるという意味に使われる。

「尾」がつく熟語は、ほとんど「尻尾」とか「末端」という意味を持っているが、そんな中で「ビロウな話」という時の「尾籠」は、まったくちがう成り立ちでできたことばである。

『古事記』などに見える古い日本語では「おろかなこと、ばかげたこと」を「おこ（をこ）」といい、そのことばが漢文調の文章では漢字を使って「烏滸《おこ》」と書かれた。「烏滸の沙汰」という時の「烏滸」がそれであり、さらに別の漢字の訓読みを使って、「烏滸」と同じ読み方をあらわした「尾籠《おこ》」ということばができた。それを音読みしたのが、「ビロウ」という和製漢語である。

「大きな根がある」という意味から「おおね」と名づけられた野菜が、やがて漢字で「大根」と書かれるようになり、その音読みから「ダイコン」とよばれるようになったのと同じことが、「尾籠」でもおこなわれたというわけだ。

「夏炉冬扇」の学生時代

二〇一九年十月二十日

茶道に造詣の深い人と話す機会があって、いろいろ教えていただいた。

茶室の写真でよく見る、畳の一部を正方形に切りとって、そこに火をたくわえる小さな囲炉裏《いろり》を茶道では「炉」とよぶそうだが、茶席でこれを使うのは十一月から四月までと決まっているそうで、五月からの夏場は、風が通るように一方をあけた「風炉《ふろ》」を畳の上に置き、上に載せた釜で湯を沸かす。こんなことは茶道の関係者には常識なのだろうが、無粋な門外漢ははじめて聞く話であった。

さらに聞けば、炉から風炉に替えるために、切りこみのある畳から普通の畳に取り替えるとのこと、なるほどと納得しつつ、先方が次々に話すものだから当方もがんばって聞き続け、使う炭が炉と風炉ではちがうことも、その炭を茶室に運ぶための道具である炭斗《すみとり》までちがうことも、なんとか理解できた。

しかし釜から湯をくむ柄杓《ひしゃく》まで季節によってことなり、さらに柄杓や釜の蓋、茶巾の置く場所なども炉と風炉とではちがうのだと聞いて、いやはやまったく奥深い世界であることよ、と門外漢はわけがわからないまま、ひたすら驚嘆するばかりであった。

お茶を飲むには、まず湯を沸かさなければならないが、私の学生時代では、部屋を間借りしていて専用の台所を持たない下宿人には「電熱ポット」が必需品だった。友人がたずねてきたら、ポットに水をいれてプラグをつなぎ、沸いた湯でインスタントコーヒーをいれるのが最高のもてなしだった。

「夏炉冬扇《かろとうせん》」という四字熟語がある。後漢の王充《おうじゅう》というユニークな思想家が書いた『論衡《ろんこう》』（逢遇）という書物に見えることばで、夏の炉（この場合は火鉢など）と冬の扇ということから、シーズン外れの無用の長物、ひいて「時流に合わない役立たずの人物」という意味に使うが、私の下宿には電熱ポットと近所の盆踊りでもらった団扇が、季節を問わずずっと手元にあった。

一年中「夏炉冬扇」のありさまだった、とジョークをとばしたら、聞き手の若者は電熱ポットがわからない。説明したら、「あぁ、ホテルの机の上なんかにあるアレですか。下宿であんなの使ってたのですかぁ」と不思議そうな顔をされた。

時は令和になり、昭和は確実に遠くなりつつあることを痛感したことだった。

「出藍の誉れ」の気概を持て

二〇一九年十月二十七日

大学に入ったのは一九七一（昭和四十六）年だから、すでに半世紀前のことになる。「七〇年安保」と大学紛争をめぐる「後遺症」がまだ色濃く残っていたそのころの大学には、子どものころから学習塾なんかに通ったこともなければ、家庭教師とやらの世話になったことも一度もない、という学生がごろごろいた。私もそうだし、友人のほとんども、学校の授業だけで入試に挑み、それなりにハードな関門をクリアしてきた。それだけのどかな時代だった、ということかもしれない。

それが今では、学校の勉強だけで「難関校」に入ってくる学生がほとんどいなくなった。まさかそんなはずはなかろうと考えた私は、大学の教師をしていたころに、五十人前後のクラスで、これまで塾とも家庭教師とも無縁だった者に手を挙げさせたことがある。だがその時に手を挙げたのは三～四人で、さらに驚くべきことに、彼らはどことなく恥ずかしそうに手を挙げた。まるでわが家は経済的に厳しかったので、塾に通わせてもらえなかった、とでもいわんばかりの顔をしていた。

何人を「有名大学」へ送りこんだかが重要な実績とされる受験業界では、見事なまでの指導体制で学生を勉強させる。それ自体は決して非難されることではないが、そんな環境で勉強してきた学生の中には、大学入学後にはなにをどう勉強したらいいかわからず、途方にくれてしまう者もいる。ある時講義のあとで一人の学生が教壇にやってきて、「家ではどんな問題集を使って勉強したらいいですか」と質問した。「耳を疑う」とはこういうことをいうのか、と思ったものだった。

教育と研究の世界では、学生が自分を指導してくれた恩師を乗りこえて、さらに大きな成果をあげることがたえず要求される。そうでなければ、学問の進歩などありえない。世にいう「出藍の誉れ」を説く『荀子《じゅんし》』（勧学）の「学はもって已《や》むべからず。青はこれを藍《あい》より取りて藍より青く、氷は水これを為して、水よりも寒し」はまことに名言である。

今の大学には、定期的にやってくる節目の試験では要領よく、高い点数や評価を得る技術に長じている学生が掃いて捨てるほどたくさんいるが、すきあらば教師の首に食らいついて、教師を踏み越えていってやろうという気概を持つ者が少なくなっていると感じられる。困った時代になったものだ。

「唄」はお寺でうたうもの

二〇一九年十一月三日

私の学生時代は大学が紛争状態だったから、酒の席でも小難しい話が多く、酒が回ればアジ演説をはじめる者がいた。さらにはそれを非難する者と口論となったり、殺伐とした雰囲気だったが、昨今の学生諸君のコンパは明るく楽しいお食事会で、そして二次会はおきまりのカラオケとなる。私はカラオケがあまり好きではないので、教員をしていたころは幹事にいくばくかの資金を渡して、早々と帰らせてもらうことにしていた。

そんなコンパの翌日に、学生共同研究室にいくと、「昨日の唄キング」という紙が壁に貼られていた。聞けばカラオケでもっとも活動的で、ほとんどマイクを離さなかった者を「唄キング」とよぶらしく、この「唄キング」は「バイキング」と読むそうだ。

「うた」を漢字で書く時に、「歌」のほかに「唄」や「謡」を使うこともある。この中では「歌」がもっとも一般的で、「歌曲」とか「流行歌」という名詞、あるいは「うたう」という動詞に使われ、それに対して「謡」は謡曲とか民謡・俗謡などに、「唄」は「小唄」や「長唄」など伝統的な邦楽に使われる。

しかし「唄」はもともと仏教の儀式で僧侶が朗唱する「うた」であって、一般人が口ずさむものではなかった。

「唄」は《口》とバイという音をあらわす《貝》からなるが、六世紀あたりの仏教文献に見える、比較的新しい漢字である。

中国の高名な作家が祇園のお茶屋に遊んだ時に、「祇園小唄」という漢字の意味がわからなかったと聞いたことがあるが、今の中国では「唄」という漢字をほとんど使わないから無理もない。「唄」はかつての中国では、仏徳をたたえる経文を朗唱する声楽「梵唄《ぼんばい》」などに使われる、仏教専用の漢字だった。「梵唄」はまた「声明《しょうみょう》」ともいい、インドから中国を経て平安時代に日本に伝わったあと、民間音楽に大きな影響をあたえつつ、いくつかの寺院で現在にまで伝承されている。

それに対して、江戸時代あたりから遊里などに、小唄や端唄《はうた》など俗謡としての「唄」が現れた。「唄」が一般人の歌謡という意味で使われると、そこに流行が発生する。しかし「流行歌」を絶対に「流行唄」と書かないことの背景には、寺院の「梵唄」がもつ荘厳なイメージが作用しているのかもしれない。

ラッキーセブンと「七五三」

二〇一九年十一月十日

大阪生まれの私は、阪神タイガースとお好み焼きが好きである。お好み焼きは中に入れる具にいろんな種類があるが、どこで食べても味にそんなに大きなちがいがあるわけではない。しかしタイガースの方は年によって当たりはずれがあって、ここしばらくはほぼ毎年、「来年こそは！」と期待をかけている。

最近のプロ野球では、ラッキーセブンの攻撃に入る前にカラフルな風船が飛ぶのをよく目にするが、七回が「ラッキーセブン」とよばれるのは、大リーグでおこなわれたある試合で、選手が七回に打ちあげた平凡なフライが風に乗ってホームランとなり、それでチームの優勝が決まったことに由来するという（異説もある）。

数の縁起をかつぐのは野球だけでなく、特に日本の祝儀や不祝儀では、二で割りきれる数は縁起が悪いとされる。最近はあまりこだわらなくなったが、大福でもミカンでも、昔のおすそ分けは三個か五個のことが多かった。

奇数をたっとび、偶数をよろこばないのは、おそらく中国の伝統的な占いである「易」に由来するのだろう。易は森羅万象を「陽」と「陰」に分けて考え、「陽」のシンボルナンバーを九、「陰」のナンバーを六とする。慶事では万物が隆盛に向かう「陽」がたっとばれ、その象徴が九という奇数なのだ。

子どものすこやかな成長を願う日本独自の「七五三」も、奇数だけの組みあわせになっている。数え三歳の小さな子が、手間とカネをたっぷりつぎこんだ晴れ着に包まれて、ふうふういいながら歩いているのは実にほほえましい光景である。だが七歳にもなるとおませな子がいて、それがきらびやかな晴れ着を着るものだから、まるでアイドル気取りである。

「七」の古い字形は漢数字の「十」によく似ていて、左右に走る横線を上下の縦線で断ち切ることをあらわしている。もともと「すっぱりと断ち切る」という意味で、だから「切」という字が《七》と《刀》からできているのだが、人間だって七歳にもなればもう幼児ではない。「七五三」の「七」とは、少年少女が幼年期とすっぱり訣別する年齢にちがいない、と私は勝手に解釈している。アイドル気取りのおませな子は、その意味では順調に成長しているのかもしれない。

「駟」より速く広まることば

二〇一九年十一月十七日

よく聞く話だが、Aさんに送るべきメールをうっかりBさんに送ってしまい、それが原因でとんでもないことになってしまったという事例が、先日わが友人のまわりで発生した。若い社員だけで飲み会を開く計画が部長にばれてしまった、という程度ならなんとか修復もできるだろうが、今回聞いた事例は、数十年にわたる深い交友関係にヒビを入れかねないことになってしまったそうだから、話はおだやかでない。

かつて葉書や手紙で用件を伝えていたころには、受け取り人の住所を他の人と取りちがえて書くなどまず考えられなかったが、電子メールやSNSでのメッセージは、ワンタッチで瞬間的に送信されるし、いったん誤送信されたメッセージを相手の機械から取り除くことは、おそらく不可能だろう（もしなにかの裏ワザでそれが可能になるのなら、ぜひとも教えていただきたいものだ）。

人はいつの時代でも、他者とのコミュニケーションにおいてうっかりミスをするものらしい。『論語』（顔淵）に、衛《えい》の国で大夫《たいふ》という地位にあった棘子成《きょくしせい》が「君子というものは人間としての中身が肝腎であって、外面的な飾りなどは不要である」と発言したところ、孔子の弟子である子貢《しこう》が「これはしたり、君子においては外面の飾りと内面の実質は同一のものであって、遺憾ながらそのお考えには賛成できません」と反論し、さらに「そんなことをおっしゃると、取りかえしがつかなくなりますよ」と苦言を呈して、「駟《し》も舌に及ばず」といいますからね、とつけ加えた。

「駟」とは馬を四頭取りつけた馬車のことで、古代ではもっとも速く走れる乗り物だった。父母の喪に服する期間など、そんな高速の馬車が戸と戸のすき間を駆けぬけるように、あっという間にすぎさることを、『礼記《らいき》』（三年問）は「駟　隙《げき》を過ぐ」と表現する。

だがそんな速い馬車でも、いったん舌（＝口）から出たことばには追いつけないことを「駟も舌に及ばず」という。口から出たことばは、高速の駟でも追いつけないほど速く世に広まるから、発言はできるだけ慎重でなければならない、というわけだ。

電子情報ツールの発明と普及で、他者へのメッセージの伝達は格段に便利になったが、そこにも十分な慎重さが必要である。口だけでなく、これからは指もすべらさないように、気をつけなければならない。

日中でことなる漢字の意味

二〇一九年十一月二十四日

はじめてベトナム料理を食べに行った学生が「ベトナムでもお箸を使って食べるんですねぇ」と感心するので、昔はベトナムも漢字を使っていたのだよと教えてやると、目を丸くして「マジですか？」と驚いていた。

第二次世界大戦が終わるまで、東アジア一帯には「漢字文化圏」とよばれる文化共同体があり、話しことばは国ごとにちがっていても、漢字を使って、共通の文体（それを日本では「漢文」という）で文章を書けば、おたがいに意思の疎通が可能である、という状態が存在していた。しかしそんな時代でも、漢字の意味がどこの国でもすべて同じだったわけではなく、漢字で書かれる中国語と日本語の単語が、見かけ上は同じでも意味がちがうということがしばしばある。そんな「日中同形語」では、日本人が使う漢字の意味を中国人が正しく読み取るとはかぎらず、その逆もしばしば起こる。

中国語で「汽車」と書けば「くるま」の意味で、トレインは「火車」と書く。小説に「うちの台所はいつも火の車で」とあるのを読んだ中国人が、その家では台所に汽車が走っているのかと驚いたという話は、そのことを知らないと笑えない。しかし「電車」が中国語では時に「トロリーバス」を意味することは、日本ではあまり知られていないようだ。

「あの人には娘のような愛人がいる」と聞けば、日本人は眉をひそめるか、あるいはうらやましがるかのどちらかだろうが、それを聞いた中国人は、ふーん、ずいぶん年上の奥さんがいるのだなぁと思うにちがいない。中国語で「娘」といえば「母親」のことであり（ちょっと前のいい方だが、テレビの時代劇では今もよく耳にする）、いっぽう「愛人」は夫から見た妻、または妻から見た夫、すなわち「配偶者」という意味である。

文化大革命のころ、中国から労働組合関係の大型代表団が来日し、いくつかの工場を視察したところ、工場の壁に大きな字で「油断一秒、怪我一生」と書かれた紙が貼られていた。

それを見た代表団の一人がしきりに感心し、「日本の工業が大発展をとげた背景には、こんなにも厳格な個人の責任感が大きく作用していたのですね」と述べた。どこにでもある、ごくありふれた標語なのに、あまりにも大げさに感心されることを不思議に思った工場側の日本人がたずねてみると、くだんの中国人はその標語を「油が一秒でもとぎれたら、私を一生とがめてください」という意味だと理解していたのだった。

「卯」の刻に出勤した官吏

二〇一九年十二月一日

年末が近づくと、年賀状関連の商品が出まわりはじめる。二〇二〇（令和二）年はネズミ年だから、かわいいネズミの絵をあちこちで見かけるようになった。

ある時知人から干支《えと》はなにかと聞かれ、ウサギであると答えたところ、それで汝はおっちょこちょいなのか、と理不尽な非難をうけたことがある。世間には、干支と血液型で個人の性格を判断したがる人がおられるが、私はまったく信用しないことにしている。それでも血液型が四種類しかないのに対して干支は十二種類あるから、こちらのほうがまだしもバラエティにとんでいるといえるだろう。

干支を示す漢字は十二種類あって、子《ね》から亥《い》まですべて動物にあてられているが、しかし日本では、実際の動物をあらわす鼠や牛、あるいは猪などが使われない。干支は干支、動物は動物で、それぞれの漢字が完全に使い分けされているが、それがいったいなぜなのか、いろんな説があるが、たしかなことはわからない。

干支の漢字は、時刻の表示にも使われた。深夜の十二時を子《ね》の刻とし、以後二時間ごとに干支をあてていくと昼の十二時が午《うま》になるから、それで午より前を「午前」、あとを「午後」という。また時計の文字盤では子が真上、午が真下に置かれるので、上と下をまっすぐ結ぶ線を「子午線」とよぶ。

私の干支である卯《う》は午前六時をあらわす漢字で、それは昔の中国では役人が役所に出勤する時刻だった。そこから朝廷に出仕する官吏の出勤簿を「卯簿《ぼうぼ》」といい、登庁して点呼を受けることを「応卯《おうぼう》」といった。

為政者が早朝に政務を執ることから「朝廷」ということばができたのだが、それにしても早起きして登庁しなければならない役人は、特に冬の寒い季節では大変だ。

だが定年でリタイアすれば、朝から身繕《みづくろ》いして出勤せずともよい。宋代の大詩人である陸《りく》游《ゆう》は、官界から身を引いたあと、気楽に朝酒を楽しむこともあったようで、「晨起復睡」（晨《あした》に起きまた睡る）という詩に「衰翁《すいおう》　卯飲《ぼういん》すれば面に上りやすし」と詠んでいる。老いぼれじいさんになった自分は、早朝に出勤もせず、卯の刻から酒を飲むとついつい顔が真っ赤になってしまう、というわけだが、それでもそれで身上《しんしょう》をつぶしたという話は聞いたことがない。まことにうらやましいことである。

「口」の機能

二〇一九年十二月八日

人間にはクチが一つしかないから、口の数と人の数はかならず同じになり、そこから「人口」ということばができた。なんらかの組織や集団に所属する人の数を「クチ」で数える例は古くからあって、『孟子』（梁恵王上）に「百畝《ほ》の田、その時を奪うことなくば、八口の家も以って飢うることなかるべし」（百畝ほどの田でも、農繁期に労働に徴発したりしなければ、八人所帯の家でも食べ物に困らない）とある。

中国最古の文字学書『説文解字』に「口は、人の言い食らう所以《ゆえん》なり」とあるように、器官としてのクチはものを食べることと、ことばや音を発するという、二つの機能を持っている。だから「呑」や「味」「啖（くらう）」「嚙（かじる）」など飲食に関する漢字は漢字字典で《口》部に収められるが、しかしその数はそれほど多くなく、実際には「咳（せき）」や「啼（なく）」「吹」「嗤（わらう）」など、音声や息を出すことに関する意味を持つ漢字の方がはるかに多い。

ところで飲食と言語では、どちらの機能がより重要だろうか。

何日間も口をきかないと精神や行動がおかしくなってしまう、という人も世間にはきっとおられるにちがいないが、それでもほとんどの場合、おそらく命には別条がない。しかし口から飲み物や食べ物を摂取しないとしだいに衰弱し、やがて死んでしまう。だから人間にとってもっとも重要な口の機能は、言語よりも飲み食いの方である。

どうせ食べるなら、おいしいものを食べたいと思う。だが美食にこだわる人の常に反して、隠者は山中にいおりを結び、霞《かすみ》を食って仙人になることを目指した。そんな隠者たちが愛読した『老子』（十二）に、「五味は人の口をして爽《たが》わしむ」とある。五味とは鹹（しおからい）・苦（にがい）・酸（すっぱい）・辛（からい）・甘（あまい）のことで、「爽」はここでは「たがう・まちがう」という意味だから、さまざまな味覚を味わっていると口の感覚が麻痺して、やがて味がわからなくなってしまう、と老子はいっている。

しかし味覚の混乱を厭《いと》うという行為は、実は食を楽しむことの裏返しにほかならない。隠者が食べる山中の霞にも、きっとおいしいものとそうでないものがあって、だから隠者にとっても味覚が重要だったのだろう。

「自分」のあらわし方

二〇一九年十二月十五日

かつて私のゼミにいたイタリアからの留学生が、自分のことを話す時に手のひらを胸にあてて、「私はね……」というのを見て、そうかと思った。人差し指を鼻のあたまにあてる仕草で自分を表現するのは私たち東洋人のやり方で、世界共通ではなかったのだ。

「自分」の「自」という漢字は、もともと人の鼻を正面から見た形をかたどった象形文字だった。そして、中国人や日本人が身ぶりで自分をあらわす時に、人差し指で鼻のあたまを指すことから、鼻の象形文字だった「自」が「わたし・みずから」という意味をあらわすようになった。こうしてそれからあと、「自」がもっぱら「じぶん」という意味で使われるようになったので、本来の「はな」という意味をあらわすために、《自》の下にヒという発音をあらわす《畀》をつけた「鼻」という漢字が作られた。

鼻をあらわす《自》は、また「臭」という漢字にも含まれているが、「臭」が《自》と《大》の組みあわせでできているといっても、それは決して「鼻が大きい」という意味での作り方ではない。

今使われている「臭」は、戦後の漢字制限として定められた「当用漢字表」に入っている一千八百五十種類の漢字について、それを印刷する時の形を定めた「当用漢字字体表」に示されている形だが、「におい」と読むその漢字はそれまでずっと、日本でも中国でも、《自》と《犬》を上下に組みあわせた形に書かれていた。このコラムでも何度か取りあげたように、今の中国では多くの漢字の形が簡略化され、中には非常に大胆に簡略化されたものもあるが、しかしその字は中国では今も依然として、《自》と《犬》を組みあわせた「臭」という形で書かれている。

「におい」と読む「臭」が《自》と《犬》の組みあわせになっているのは、嗅覚が非常に発達している《犬》が《自》=鼻を使って「においをかぐ」からなのだが、その《犬》が《大》に変わったのは、戦後の漢字改革が一画でも漢字の画数を減らそうとしたからである。

ちなみに日本語では「臭」を「くさい」とも読み、「悪臭」や「加齢臭」「消臭剤」などもっぱら「好ましくないにおい」という意味に使うが、もともとは悪臭だけでなく、芳香をも意味する漢字だった。『易経』（繋辞伝上）には「その臭《しゅう》は蘭のごとし」と、蘭の花のかぐわしい香りを「臭」で表現している例がある。

ガチョウと王羲之

二〇一九年十二月二十二日

犬をワンワン、豚をブーブーというように、幼児語には擬音語をそのまま名詞にしたものがあり、大人が使う単語でも、釘を打つトンカチとか、小さな景品が出てくるガチャなど、その種の単語がないわけではない。

さらに漢字の中にも構成要素に擬音語を取りこんだものがあって、たとえば「蚊」の右にある《文》や「鳩」の左にある《九》は、「ブーン」という羽音や「キュウ」という鳴き声をあらわしていると説明される。

同じように、《鳥》にガーガーという音をあらわす《我》をつけて「鵝」（または「鵞」）という漢字が作られたのだが、書道の世界で最高の存在とたたえられる書聖王羲之《おうぎし》は、伝記（『晋書』巻八十）に「性として鵝を好む」とあるように、ガチョウが好きだった。

ある道士（道教の僧）がいいガチョウを飼っていると聞いた王羲之が、さっそく出かけて売ってくれと頼むと、道士は「私に『老子』を書いてくれたら群れごとさしあげる」ともちかけた。もちろん王羲之は欣然《きんぜん》として『老子』を書きあたえ、首尾よくガチョウをもらって帰ったという。

王羲之とガチョウの話はもう一つあって、ある老婆が飼っているガチョウがいい声で鳴くというので、王羲之が買い取ろうとしたが断られてしまった。それでもあきらめきれない王羲之がその声を聴きにいったところ、高名な人物がやってくると聞いた老婆は、くだんのガチョウを煮て「おもてなし」とし、すっかり落胆した王羲之は、その後長いあいだ嘆き続けたという。

この話から考えれば、王羲之がガチョウを愛した目的は、その鳴き声を楽しむことにあったようだ。

漢字関係の学会参加のため台北に行った時、宴席に蒸したガチョウの肉が出てきた。鶏よりも濃厚な味で、柔らかくジューシーなその肉をつついていると、同じテーブルにすわっていた人が、彼の友人で高名な書家が王羲之を敬愛するあまり、自宅でガチョウを飼っているという。「あんな声で鳴く鳥が好きとは、ずいぶん変わった人ですね」との私の論評に対して、同席していたかなり高齢の学者が「声もそうだけど、こんなにおいしい肉を食べないのはまことに愚かである」とのたまった。

「算術」と「方程式」

二〇一九年十二月二十九日

中国の後漢時代といえばだいたい西暦紀元直後から三世紀初頭までだが、その時代に作られた『九章算術』（撰者未詳）という書物の名前にある「算術」が、日本でも近世まで数学を意味することばとして使われた。

四則演算や分数、比例、あるいは「つるかめ算」などを教える初等数学の科目が日本の学校で「算数」とよばれるようになったのは一九四一（昭和十六）年のことで、それまでの科目名は「算術」であった。

太古の昔から、狩猟で得た鳥や鹿、あるいは採集で集めた果実を分配するために、木の棒や石などを地面に並べたり、縄に結び目をつけたりして数が記録されていたことだろう。数を記録し、計算することは人類の文化の発生段階からおこなわれていたにちがいなく、数学は文字の使用とともに、文化の根幹をなすものであった。「読み書き算盤」が初等教育の基本であるのは、世界のどこでも変わらない。

中国でも、初歩的な数学が非常に早い時代から子どもたちに教えられたらしい。儒学の経典『周礼《しゅらい》』は遅くとも前漢末期には成立していたが、それによれば、周の時代には貴族の子弟たちが通う学校があり、子どもたちは八歳で入学したようだが、そこで教育を担当した「保氏《ほし》」が、子どもたちに「六藝《りくげい》」（「藝」は「芸」の正字）を教えたという。この場合の「藝」は成人の後に君子として生きるために必須とされた教養または技術のことで、具体的には「礼・楽・射・御・書・数」、すなわち礼儀作法、音楽、弓道、乗馬、文字、そして数学の六種類が教えられた。

この「六藝」の最後にある「数」について『周礼』の注はさらにこまかく「方田・粟米《ぞくべい》・差分・少広・商功・均輸・方程・贏不足《えいふそく》・旁要」と分けており、その全体を「九数」と総称した。

数学と聞いてすぐに「方程式」を思い浮かべるのは、決して私だけではないだろう。方程式とは、未知数を含み、その未知数に特定の数値をあたえた時にだけ成立する等式であるが、このことばの出典は他でもなくこの『周礼』注であり、そして冒頭に触れた『九章算術』（巻八）にも「方程」という項目が立てられている。

私は中学生の時にはじめて方程式を学んだが、二千年以上も前の中国の子どもたちは、ずっと小さい時から方程式を解いていたようである。

神獣がつかさどっていた「法」

二〇二〇年一月五日

大学に勤めていた時、法学部の学生から、「法」という漢字が《水》と《去》でできているのは、法律で悪を水に流してしまうということなのか、と質問されたことがある。面白い解釈だが、しかし「法」はもともと「灋」という非常に複雑な字形で書かれており、《水》と《去》だけでは説明がつかない。

この「灋」の右側は、《廌》という文字の下に《去》を配置した形になっている。つまり今の「法」という字形はこの《廌》を省略した形になっているのだが、《廌》（音読みはチまたはタイ）は「解廌《かいち》」（または「解豸」）という想像上の一角獣で、地上にすばらしい社会が実現した時に天が瑞祥《ずいしょう》（めでたいしるし、吉兆）として出現させる動物という。

この神秘的な動物には物事の当否や善悪を判断できる能力がそなわっていて、古代ではその能力で裁判の判決を下したという。古代国家では人間の理性による認識と判断で物事を処理するのではなく、なんらかの方法で超自然的存在の力を借り、それを中心として社会が運営されていた。裁判においても同じように、私たちの常識とはまったくことなった方法で判決が下された。古代バビロニアでは生け贄とされた羊の肝臓の形や色から託宣を読みとったとされるように、古代社会では現代から想像もできない「神明裁判」（神意によって判決を下す審判）がおこなわれたらしく、そんな例の一つとして中国で使われたのが、想像上の一角獣である解廌だった。

ただし解廌は神獣だから、実際にそんな動物がいたわけではない。それはあくまでも伝説で、大昔には法廷に連れてこられた解廌が正邪を判断し、ウソをついている人間をツノで突いた、と信じられていた。この時解廌に突かれた方が敗訴するわけで、敗訴した人間は川に流しさられた。だから「法」の本来の字形である「灋」では、《水》（＝川）の右側に《廌》と《去》がある、というわけだ。

古代中国で信じられていた法という概念は、「水」と「神獣」と「去る」という三つの要素で作られていたのだが、「灋」があまりにも難しい字形なので、のちに《廌》の部分を削って、右側を《去》だけにした。それが今の「法」という漢字である。

そう考えれば、法律で悪を水に流すのが「法」だと解釈するのも、まんざらまちがいではないといえよう。

「小吃」をなんと読む？

二〇二〇年一月十二日

しばらく前に台湾に行く用があり、久しぶりにガイドブックを買って驚いた。以前は中国国民党と共産党の内戦の結果として蔣介石政権が台湾に渡った、という歴史が簡単ながら書かれていたし、台北の故宮博物院に展示されるいくつかの名品の紹介など、文化面にもある程度のページが割かれていた。それが最近はあきれるほど享楽的で、料理とスイーツ、エステ、それにショッピングに関する情報でほぼ埋めつくされている。

そんなガイドブックに大量に紹介されるレストラン関係の記事に、しばしば「小吃」という文字が見える。おなじみの小籠包や焼売などの軽食を意味することばで、ここでの「吃」は「食べる」という意味の動詞として使われている。

「吃《キツ》」はもともと「ことばの発音がしにくい」という意味だった。しかしその字は「喫《キツ》」と同じ発音で、「喫」よりもずっと書きやすいから、民間では早くから「喫」のあて字として使われており、それが一九五〇年代の文字改革で、「喫」の正規の簡体字とされた。

「喫」は、もともと「飲む」という意味だった。もちろん日本では今もその意味で使うが、しかし中国ではのちに意味がかわり、「食べる」という意味に使われるようになった。現在の中国語では「食事する」ことを「喫飯」（簡体字では「吃饭」）と書き、食べ物が「おいしい」ことを「好喫」（「好吃」）と書く。

グルメガイドに頻出する「小吃」は「小喫」の中国簡体字表記だが、それが台湾でも使われ、さらに最近では日本国内でも、「飲茶《ヤムチャ》」とよばれる軽食を提供するレストランの中には、店名に「小吃店」を名乗るところまである。

「小吃」は中国の簡体字が台湾や日本で使われるようになった珍しいケースなのだが、さてそれでは、この「小吃」を日本語ではいったいなんと読んでいるのだろうか。

「吃」の音読みはキツだが、「小吃」を「ショウキツ」と読んでもまず通じない。といって、それを中国語の原音にもとづいて「シャオチー」と読んだところで、中国語の学習経験のある人くらいにしかわからないだろう。

「小吃」ということばを日常的に使うのは、中華料理店とグルメ雑誌の編集者、それにコアな読者くらいだろうが、その人たちは「小吃」をいったいどう読んでいるだろうか。私には非常に興味があるところだ。

「虫」は頭の大きな蛇

二〇二〇年一月十九日

またまた食べ物の話で恐縮だが、私はカニが大好きで、木枯らしが吹きはじめ、鍋物の材料が出まわる季節になると、スーパーの中を歩いているだけで胸が高鳴ってくる。北陸や山陰まで泊まりがけでカニを食べに行くのはもちろんのこと、日本のカニだけではあきたらず、何人かの友人を誘って上海まで出かけ、あちらのカニを堪能したことも何度かある。

具体的な作品名は忘れてしまったが、高校生の時、現代国語の教科書に載っていた教材に「蟹行文字」ということばが出てきた。これはローマ字など横方向に書き進める「横文字」のことで、もちろんカニが横に歩くことに由来するいい方なのだが、授業でこの文章を音読するよう指名されたわが級友は、「蟹行」を「カニコウ」と読んで先生の失笑を買った。

「蟹」は古くは「蠏」と書かれ、「蟹」はその異体字だが、どちらも《虫》と《解》に分けることができ、うちの《解》の部分で全体の発音を示している。すなわち「蟹」の音読みは「カイ」であって、「カニ」は訓読みである。だから「蟹行」は「カイコウ」と読むのが正しいのだが、しかし現実には「蟹鍋」でも「蟹工船」でも「上海蟹」でもすべて訓読みが使われているのだから、わが級友が「蟹行」を訓読みで読んだのも当然だったのかもしれない。

ところで「蟹」は虫ではないのに《虫》がついている。前にも書いたが、私たちが「むし」の意味で使う「虫」は実は頭の大きな蛇「まむし」をかたどった象形文字で音読みは「キ」、それに対して《虫》を三つ集めた「蟲」が「むし」という意味をあらわした。

「虫」と「蟲」はこのようにもともとは別の漢字だったのだが、いつの間にか「蟲」の簡略形として「虫」が使われるようになり、やがて「虫」が日本でも中国でも「むし」を意味する正規の漢字とされた。

「虫」はもともとまむしという蛇の象形文字だったから、それで「蛇」や「蝮」（まむし）、「蟒」（うわばみ）などに《虫》がついている。またかつてニジは山から山にわたる双頭の大きな龍と考えられたから、それで「虹」にも《虫》がついている。

さらに《虫》がやがて水中の小動物をあらわすようになったので、「蛸」（たこ）や「蛤」（はまぐり）、「蝦」（えび）、「蝌」（おたまじゃくし）などにも《虫》がつくようになった。

昆虫とは似ても似つかない「蟹」に《虫》がついているのも、それとまったく同じ理由からなのである。

「年」に一度の収穫

二〇二〇年一月二十六日

沖縄出身の友人から聞いた話では、最近は那覇など都心部で新暦の正月が定着しつつあるという。長いあいだ中国（明から清）と密接な外交関係を持っていた沖縄では、二十四節気のひとつ「清明」の時期（現在の暦では四月五日前後）に「清明祭《シーミー》」とよばれるお墓参りがおこなわれるなど、古い時代の伝統的な習慣が多く残っていて、今も旧正月前後には各地で大切な行事がたくさんおこなわれるそうだ。

旧正月は、アジアの広範な地域では今も一年を通じてもっとも重要な祝祭日である。中国文化圏では旧暦の元日を「春節」といい、日本でも横浜や神戸、長崎などの中華街でこの日にはにぎやかなイベントがおこなわれるし、韓国やベトナムなどでも、新暦の正月よりも盛大に祝われる。

新暦であれ旧暦であれ、年のはじまりには多くの人が気もちを新たにし、特別な思いで目標などをたてる。新年を定める暦は世界各地でさまざまなものが使われるが、新年を祝う気もちは世界のどこでもかわらない。

「年」はもともと豊かに実った穀物を人が背負っているさまをかたどった文字で、本来は「穀物の豊かな収穫」という意味をあらわした。それが、穀物の収穫が年に一度だけであることから、「一年」という時間の単位に使われた。もともと year という抽象的な時間の観念を目に見える形で文字化するのは非常に困難だったが、漢字ではそれを、年に一度の収穫であらわしたというわけだ。

「年」についていては個人的な思い出があって、私は若いころ、いつか男の子が生まれたら「年」と名づけ、それで「みのり」と読ませてやろう、と考えていた。

やがて息子が生まれた。母子が病院から帰ってきた夜に私はささやかな祝宴を用意し、仰々しく「命名式」をおこない、「年＝みのり」プランを発表した。ところが家内をはじめ親族全員から猛反対の声があがった。「そんなだれにも読めない名前は子どもにかわいそうだ」というのが反対理由で、私の長年のプランは、まことにあっさりと却下された。

「年」を「みのり」と読ませるのは難読名とされるだろうが、しかし漢和辞典にも見える訓であり、決して奇矯な読みではない。豊作を意味する文字を名前に持つ子は、きっと心豊かに人生を送るだろうと、私は今も未練がましく考えている。

ゾウの鼻をつかむ「爪」

二〇二〇年二月二日

爪《つめ》と瓜《うり》はよく似た形の漢字で、最後に書かれる部分の有無で別々の漢字となる。だからきっと書きまちがえる人が多いからなのだろう、中学校の時に国語の授業で「爪にツメなく、瓜にツメあり」という覚え方を教わった。

どちらの漢字も象形文字で、「瓜」はウリの実をかたどったもの、「瓜田《かでん》に履《くつ》を納《い》れず」（古楽府《こがふ》・君子行）というように、ウリは中国では古くからいろんな種類が栽培されていた。いっぽう「爪」の方は、人が手を上からかざして、なにかをつかみ取ろうとするさまをかたどった漢字で、そこから「ツメ」という意味をあらわし、さらに他の漢字の構成要素として、「つかみ取る」という意味をあらわす。

「爪」がそんな「つかむ」という意味に使われている例には、「争」と「為」がある。どちらも日本では戦後に字形が変わったが、「爭」と「爲」という旧字体を見れば、どちらにも上に《爪》があることがわかる。

「争」は《爪》と《尹》（手で杖を握っている形）からなり、だれかが手に持っている杖を別の《爪》が奪い取ろうとする形をあらわす。杖を握っているのは長老や権力者で、その人の杖を奪い取ろうとすることから、「争」に「あらそう」という意味が生まれた。

もうひとつの「爲」は、手で象の鼻をつかんでいる形を示し、本来は重いものの運搬などに象を使役することを意味していた。

「象」という漢字は象形文字だが、そもそもゾウという動物を見たことがなければ象形文字は作れない。では古代の中国人はゾウをどこで見たのか？　答えは簡単で、古代の黄河中流域にはゾウが野生でいたのである。象は従順な動物で、家畜として飼いならすこともでき、重いものを運んだり持ちあげるための、最高の「道具」だった。そんな象の鼻を手でつかんでいるのが「爲」という漢字であり、こうして象を家畜として使役することから、この漢字が「仕事をする」という意味をあらわすようになった。

「爲」は象の鼻をつかんで仕事をすることからできた漢字である、と講義や講演で話すとそれなりにうけるのだが、そのネタを使う前に、聞き手が若い世代なら、「為」という字を昔は「爲」と書いた、と説明しなければ通じない。戦後の当用漢字も面倒なことをしてくれたものだ。

「五里」にも及ぶ「霧」の「中」

二〇二〇年二月九日

本コラムで四字熟語を取りあげると、何人かの知人から「これまでなにげなく使っていたことばの由来がよくわかった」といってくれる、うれしいメールが届くことがある。中国の故事にもとづく四字熟語がそれだけ生活にとけこんでいるということなのだろうが、そんな四字熟語はほとんどの場合、前と後の二文字ずつに分けて解釈するように作られている。「四面楚歌」は「四面」が「楚歌」するわけだし、「臥薪嘗胆」は「臥薪」した人と「嘗胆」した人がいるからそのことばができた。

故事成語だけでなく、日常的に使う四文字語でも、「焼肉定食」や「大量入荷」、「近日発売」など、漢字を四つ並べた表現はだいたい前と後の二文字でまとまりを作っている。

しかし中には例外もあって、腰に巻く帯のように細い水路を隔てて隣りあうほど近い距離をいう「一衣帯水《いちいたいすい》」は、一＋衣帯＋水という構造だし、「さっぱり見当がつかない」ことをいう「五里霧中」は、「五里にも及ぶ深い霧の中にいる」ということだから、ことばの構成としては2＋1＋1と分析しなければならない。ところがそれを日本語で「ごり・むちゅう」と読むものだから、それにつられて「五里夢中」と誤った書き方をする人もいる。「五里夢中」と書けば、「五里」もの長い道を、なにかに「夢中」になって歩いたり走ったりしている、というように考えられてしまう。

後漢の時代に、張楷《ちょうかい》という人がいた。世間の信望厚い学者の息子で、彼自身も儒学の経典に造詣の深い学者で、つねに百人を超える弟子をかかえていた。

しかし彼は世俗的な栄達には興味も欲望もなく、やがて郷里へ戻って山の中に隠居してしまった。彼の学問的才能を高く評価した皇帝が、隠棲を惜しんで使者を送り、なんとか出仕させようとしたのだが、張楷はそれでも病気だといって、出仕を辞退したのだった。

張楷はまた「道術」にもすぐれた才能を持っていた。「道術」とは魔法のことで、彼は五里（後漢の一里は約四百メートル）の長さにわたって霧を発生させることができた。彼の術を学ぼうとする者がたずねていっても、張楷は霧の中に姿をかくして会わなかったという。

莫大な額の保釈金を没取《ぼっしゅ》されることも意に介さず、プライベートジェットとやらで海外へ逃亡した者も、もしこの東洋の神秘的な魔法を身につけていたら、映画もどきの脱出劇など演じずにすんだことであろう。

《犭》がつく動物、つかない動物

二〇二〇年二月十六日

小学校の校長をしている知人からメールが届いた。彼が勤めている学校は非常に「開放的」で、休み時間には児童が連れだって校長室を訪れて、直接質問することが認められているとのこと、こうして子どもたちと話すのは大変楽しいのだが、時には思いもかけない質問に出くわして困らされることもあるという。

彼はある子どもから、「馬や象や羊にはどうしてケモノヘンがつかないの?」とたずねられたというのである。

つまり「猫」や「猿」には《犭》(ケモノヘン)がついているのに、「馬」や「象」にそれがないのはなぜかとの問いで、これは中国語学を専攻している大学院生でもなかなか思いつかない質の高い質問だが、少し考えると、答えは意外に簡単だった。

「馬」や「象」「羊」などは動物の姿をかたどった象形文字であるのに対して、「猫」や「猿」などは、動物をあらわす《犭》と、発音をあらわす《苗》や《袁》などを組みあわせた漢字である。この《犭》は「犬」がヘンになった時の形で、もともとイヌに関することをあらわしたが、さらに意味が広がって、イヌ以外の動物一般も意味する部首として使われる。「狼（オオカミ）」はイヌ科の動物であり、「狸」や「狐」はまだしも全体の姿がイヌに似ているといえるが、「猿」や「獺（カワウソ）」となると「イヌ」とは似ても似つかないのに、それでもこのヘンがついている。《犭》が「イヌヘン」ではなく「ケモノヘン」とよばれるのは、そのためである。

ところで漢字は数万字あるといわれるが、最初からそんな大量の漢字が作られたわけではない。はじめに基礎的な漢字が作られ、第二段階としてそれらを組みあわせた漢字が作られた。たとえば最初から「松」という漢字ができるわけはなく、「松」が作られる前には絶対に、《木》と《公》という文字があったはずである。

第一段階で作られた「馬」や「犬」「象」「羊」などは、人々の日常生活に密接なかかわりをもっていた動物だった。それでまず、これらの動物の姿をそのまま描いた象形文字が作られた。しかしすべての動物を姿のままの象形文字にできるはずがない。それで、動物一般をあらわすケモノヘンと、その動物のよび名をあらわす音を組みあわせ、「猿」や「猫」などの漢字が作られた、というわけである。

「夜郎自大」――無名の国が四字熟語に

二〇二〇年二月二十三日

自分のまわりにある狭い範囲の中だけで、自身の地位や権力をひけらかし、それを自慢したところで、世間からは物笑いのたねになるだけだ。古今東西どこにでもおり、あなたのまわりにもきっといるにちがいないそんな人物のことを、日本語では「井の中のかわず」といい、かつての中国では「夜郎自大《やろうじだい》」と表現した。

「夜郎自大」を訓読すれば「夜郎みずからを大とす」となり、この「夜郎」とは、前漢時代に中国西南部、今の貴州省もしくは雲南省にあったとされる国の名前である。そこは漢の都だった長安から遠く離れた、ほとんど無名の国だったのだが、それが四字熟語の中で使われ、不名誉な国として後世に長く伝えられるようになったのは、前漢の武帝が強力に押し進めた領土拡張政策のせいだった。

中島敦『李陵』に描かれるように、武帝は北方にいた遊牧民「匈奴《きょうど》」と激しい抗争を繰りひろげたが、それとともに西南地域への領土拡大にも積極的に取り組んでいた。

前漢時代に中国西南地域にあった諸国については『史記』の「西南夷列伝《せいなんい》」というところに詳しく記されているが、それによれば、元狩元年《げんしゅ》（前一二二年）に武帝は「身毒」（インド）へ通じる道を探すために、王然于《おうぜんう》らを使者として、西南地域に派遣した。使者たちが今の雲南省にあった滇《てん》という国までやってくると、滇王は彼らをその地に逗留させ、彼らにいろいろ協力してやったが、しかし探している身毒への道は見つからなかった。

そんなある日、滇王が漢の使者に向かって「ところで漢とわが国とでは、どちらが大きいのだろうか」とたずねたという。その時の使者の反応を『史記』は書いていないが、きっとあきれたことだろう。さらにその後使者が夜郎という国に行くと、そこでも同じことがたずねられた。道が通じていないので、その地域の王たちはみずからを大国の君主だと思いこみ、漢の広大さを知らなかった、と『史記』は総括している。

漢は古代において西のローマ帝国と並ぶ、世界最大の国家だった。それと自国を比べる滇王の発言は、無邪気なまでに身の程知らずなものだったといえるが、情報網が未発達であった時代に、漢帝国の広大な版図と力量を小国の王が正確に認識できなかったのは無理もない。しかしこの話によれば、はじめに漢と大きさを競った「井の中のかわず」は滇王であり、熟語としては本来「滇王自大」と表現されるべきだったことになる。

カタカナ外来語の不便

二〇二〇年三月一日

日本にはカタカナがあるので、英語やフランス語などの単語でも、耳に聞こえた通りにカタカナを並べるだけで、簡単に「外来語」を作ることができる。しかしこれは往々にして外国語の発音を正確に反映したものとはならず、あるアメリカ人が、日本語で一番難しいのはカタカナで書かれた単語で、もとの英単語に戻すことはまず不可能だ、と嘆いていた。

それに対して、漢字だけで書かれる中国語では、外来語は本来の意味に即した漢字で訳すのが普通である。サッカーを「足球」、コンソメを「清湯」といい、ほかにもダウンジャケットは「羽絨服」、ピアスは「耳環」、アレルギーは「過敏反応」、ハードディスクは「硬盤」という。チョコレートを「巧克力《チアオコーリー》」、ソファーを「沙發《シャーファー》」、モデルを「模特兒《モートーアル》」というなど、発音を漢字で写しとった音訳語もないわけではないが、圧倒的に少数である。

このような中国語での外来語作成方法にくらべると、カタカナに置き換えるだけの日本の外来語は、ちょっとお手軽にすぎると私には思える。

中国と日本の学術交流が本格的にはじまった七〇年代末期のこと、工学部の招きに応じて来日された中国人科学者をご案内して、愛知県にある精密機械工場の見学に行ったことがあった。工場見学のご案内だからと殊勝にも工業関係の単語をおさらいし、その方はベアリングの専門家だったから、はるか昔に中学校で習った知識を総動員して、ボールベアリングやローラーベアリングなどの関係の単語をがんばって覚えた。

だがいざ現地につくと、そこは人工衛星につける反射鏡を磨く工場であり、「精密工業って時計やカメラかな」という程度の文学部卒業者の知識など、何の役にも立たなかった。

予想通り「どんなベアリングを使っているのか?」との質問が出て、そのまま訳してたずねると、「これはハイドロ・スタティック・ベアリングを使ってます」との答え。ハイドロ……?　なんだそれは、ととまどうが、しかし通訳は逃げられないから、「這是ハイドロ・スタティック・ベアリング……」（這是＝This is）とオタオタする私を無視して、中国からの研究者はしきりにうなずいていた。

専門家である彼は機械を一目見ただけでわかっており、単に儀礼的に質問しただけだった。つまり私だけが馬鹿をみたわけで、私はこの時ほど、日本語がいとも簡単にカタカナで外来語をあらわすのを恨んだことはなかった。

「婦」は神に仕える王妃だった

二〇二〇年三月八日

三月はじめに北京に行き、ある企業を訪問することになって、電話で「三月八日の都合はどうか？」と聞いたら、「その日は女性たちが午後から出席できない」と返答された。うっかりしたことに、私はその日が中国の「婦女節」（女性の日）にあたり、役所や会社では女性が終日または半日の休みになることを失念していたのだった。

日本ではあまり話題にならないが、三月八日は国際婦人デーである。もともとは二十世紀の初めに、ニューヨークで女性の参政権を求めるデモがおこなわれた日に由来するとの由だが、世界のどこでも、いつの時代でも、人口のだいたい半分は女性であり、そのことを今中国では「女性が天の半分を支える（婦女能頂半辺天）」と表現する。

中国語では一口に「婦女」というが、「女」がごく一般的に使われる漢字であるのに対して、「婦」は女性解放論者からしばしば激しい攻撃の対象となる。というのは、「婦」の右側にある《帚》は、竹カンムリをつけると「箒」になるように本来はホウキという意味であり、「婦」とはホウキを手に持った女性と解釈されるからである。つまり「婦」とは女性を家事労働にしばりつける封建的な思想がある、許しがたい漢字だ、というわけだ。

古代中国は完全な男尊女卑の社会だったから、「姦」（よこしま）とか「妄」（でたらめ）など、明らかに女性蔑視の考えを背景に持つ漢字もたしかにある。しかしこの「婦」もまたその例の一つと考えるなら、それはいささか浅薄な認識といわざるをえない。

今から三千年ほど前の時代に使われていた漢字では、「婦」は一般の女性ではなく、王妃という身分を示す漢字だった。「婦」がなぜ女王か、その解釈のポイントは右側にあるホウキをどのように考えるかにあって、それは祭祀に用いる神聖な祭壇を掃除する道具だった。

政治のことを「まつりごと」というように、古代国家では政治と宗教は切っても切れない関係にあり、祭祀は国家にとってもっとも重要な行為だった。だからそれをおこなう場所は聖域で、いつもきれいに保たれていなければならなかった。

神は空から降臨し、あらかじめ用意されたところに着席される。その前には神への供物を置くための祭壇があるが、ここは絶対に汚れてはならないところなので、祭祀の前にはかならずていねいに清められた。この仕事は最高の地位にある女性にしか担当できなかったので、それで王妃の地位にある女性が、ホウキを手に持って神に仕えたのだった。

髪を伸ばした長「老」の風格

二〇二〇年三月十五日

知人が検査入院したところ、小児病棟の中にある病室をあてがわれた。聞けば、入院する老人が増え、一般の病室が足らなくなってきたので、小児病棟の一部を老人に割りふっている、とのことだった。「少子高齢化」の現実を如実に感じさせる話である。

高齢化社会がいっそう進み、随所にさまざまな問題が指摘されているが、それでも心身ともに元気な老人が、生き生きと活動しているのは、まちがいなくいいことだ。

「老」は髪を長く伸ばした人が、腰を曲げ、杖をついているさまをかたどった漢字である。腰を曲げ、杖をついている人が老人であることは大変わかりやすいのだが、髪が長く伸びているのは、別におしゃれで長髪にしているわけではない。床屋や美容院などまったくなかった時代では、髪を切ったりヒゲを剃ったりする機会があまりないから、長く生きていればそれだけ髪の毛が長くなる。それで、長い髪で生存年数の長さをあらわしたのである。

長生きした証しとして髪を長く伸ばした長老が、手に杖を持って堂々と立つさまからは、人生経験に裏打ちされた大いなる風格が感じられる。すべからく老人とはこのように、ゆるぎない自信をもって、若い者をバックアップする顧問的な立場に立つべきだ。しかしそれも程度の問題で、自己の経験や功績を過度に誇り、状況を正しく把握しないままいろんなことに口を出し、迷惑がられる人物がいることも事実で、そんな「老害」を生じないようにと、私は若い世代の仕事にはなるべくでしゃばらないようにと心がけている。

ずいぶん前だが、韓国に出張した時に、「百歳酒」という名前の酒をいただいた。健康増進のためのアルコール飲料として売られていて、もち米を原料とし、健康に良いとされる薬草をブレンドしてあるらしい。朝鮮人参の本場であり、健康食がいろいろあるお国柄だから、酒にも身体にいい植物がいろいろ入っているのだろう。

ところがこの酒をくれた人物がかなりの酒飲みで、ニヤニヤしながら「この酒は身体にはいいのだけれども、味がどうも今一つだ。センセイのような酒飲みには、『五十歳酒』をおすすめするよ。こちらは五十年しか生きられないけれど、味の方は申し分ないよ」との冗談をつけ加えた。「五十歳酒」なら、彼も私ももうこの世にいないことになる。

どこかの国に、健康面でも味覚面でもすぐれていて、自分が生きたいと思う年数を自由に命名できる酒はないものか。

名を「竹帛」に記すべし

二〇二〇年三月二十二日

私自身の経験では、小中学校の卒業式では卒業生が「仰げば尊し」を歌って恩師の学恩に感謝し、在校生が「蛍の光」を歌って巣立っていく卒業生を送る、というのが卒業式の形だった。友人たちも同じような経験をしているので、たぶんそれが定番だったのだろう。

それが今では大きくさまがわりした。「蛍の光」は今も歌われるようだが、「仰げば尊し」は歌詞の内容が時流にあわず、また文語調の歌詞が今の学生にはほとんど理解できないという理由などから、最近の卒業式ではほとんど歌われなくなった。だが学び舎《や》を巣立つにあたって、卒業生が恩師に感謝し、学校生活をふりかえるという内容の歌が歌われなくなったことに、私はなんともいえないさびしさを感じる。

ところで、その歌詞の一節に「身を立て、名をあげ」とあるが、それは儒学の経典『孝経』の冒頭に「身を立て道を行い、名を後世に揚《あ》げ、もって父母を顕《あき》らかにするは孝の終わりなり」とあるのにもとづいている。儒学では親孝行の最終目標を、研鑽《けんさん》を積んで歴史に名を残す偉人になり、さらに「あのすぐれた方のご両親なのだから、きっとすばらしい人だったにちがいない」と、世間に両親の存在を顕彰することにある、とする。

後世に名を残すことを、昔の中国では「名を竹帛《ちくはく》に垂《た》る」と表現した。「竹帛」は竹と絹のことで、竹を削って長さ二十三センチ幅一センチ弱の短冊状にした「竹簡」は、紙が発明される前の中国で、文字を書きつける素材としてもっとも広く使われるものだった。

もう一つの絹も中国では非常に長い歴史を持ち、三千年以上も前の漢字である「甲骨文字」の中に「桑」や「蚕」があるから、その時代にはすでに養蚕がおこなわれていたようだ。

といっても、絹はあくまでも衣料品として利用されたもので、また非常に高価だったから、文字を書くための素材として絹を使った形跡は、漢代より前にはほとんど見あたらない。

しかし『論語』（衛霊公）の中に、弟子の子張《しちょう》が、自分の信念を世間に伝えるにはどうしたらよいかと孔子にたずね、それに対して孔子は「ことばや行動に誠実であれ」と答えるのだが、その返答に感激した子張は、それを「紳に書した」という。「紳」とは礼装用の幅広の帯のことで、儀式でそれを着用できる者が「紳士」なのだが、それに孔子の貴重な教えを書きつけて大切にしようとしたのだから、そのころにはすでに絹織物に文字を書く習慣もあったにちがいない。

「青春」はこれからだ！

二〇二〇年三月二十九日

四月はじめに北京で暮らしたことがあるが、そのころはモンゴルあたりからやってくる砂まじりの強風が吹き、まだまだ寒い。「黄砂」は日本にまで飛んでくるのだから、北京ではまことに強烈で、風の強い日は外を少し歩くだけで全身が砂まみれになる。

そんな北京で人々が春の到来を実感するのは、四月末から五月ころに「柳絮《りゅうじょ》」（ヤナギの綿毛）が飛ぶ時で、これが風に乗ってあたり一面に飛ぶのを見た時、私はぼたん雪が舞い降りてきたかと思い、思わずシャツの襟を立てたものだった。

私たちが桜の開花で春の到来を感じるように、各国には春の到来を感じさせる独自の光景があるが、それはほとんどの場合、植物に関係している。冬のあいだ静まりかえっていた木々や花々が、陽光をあびて成長しはじめる時、人はそこにたくましい生命力を感じとる。

「春」は今の字形と少しちがい、《艸》（くさ）と《屯》と《日》からできていた。この「春」の構造について、清朝の考証学者段玉裁《だんぎょくさい》（その著『説文解字注』は漢字研究の最高峰とされる）は、《屯》の部分について「草木が芽ばえるさま」と解釈し、そこから「春」とは「うらかな陽ざしのもとに草木が芽を出す」ことだという。古代中国人は、万物の生命力が旺盛に燃えだそうとする時節を、植物が芽生えるさまで表現したというわけだ。

春になると、茶色の大地のところどころから緑の若芽が顔を出してくる。古代の中国人はその色を「青」という漢字で表現した。

「青」はもともと「靑」と書かれ、下が《丹》になっていた。上にある《生》は植物が芽生えること、《丹》は染料を採るための井戸をあらわし、《生》と《丹》を組みあわせた「青」は、布を緑色に染めるのに使われた「草色の染料」という意味だった。

杜甫の詩句「山青くして花然《も》えなんと欲す」（「絶句」二）は、緑一色に染められた山の中に、赤い花が燃えるように咲いているさまを詠うが、杜甫はいったいどんな花を見てその句を詠んだのだろうか。

「青」と「春」をつなぐと「青春」ということばができる。青春とは芽吹きだした植物のように無限の可能性を秘めて、これから花を咲かせていく時期なのだ。

青春はすぎたと嘆くのではなく、むしろこれからの「青春」で新しい芽を出し、大きな花を咲かせる努力をしてみたいものだ。まさに今、心浮き立つ春なのだから。

あとがき

本書は平成二十九年三月五日から令和二年三月二十九日まで、日本経済新聞の日曜版に連載された「遊遊漢字学」に、若干の修正と補足を加えて整理したものである。

連載が終わりに近づいたころ、新型コロナウイルスに関するニュースが新聞やテレビで報じられるようになった。はじめは、ふーん、武漢が大変なことになっているなぁという程度の認識だったのが、あっという間に驚くべきことになり、緊急事態宣言が出されて、私も家でひたすら外出自粛の生活を送ることとなった。

その緊急事態宣言が解除される前後から、「ウイルス流行状態が平穏になること」は、「収束」と「終息」のどちらが正しいのかと何人もの方からたずねられた。これについてはすでに新聞などに多くの記事が出ているので、詳しいことはそちらに譲るが、もし「遊遊漢字学」でこれを扱ったなら、「終息」はかつて「終熄」と書かれていたが、「熄」（火が消えること）が「当用漢字表」に入らず、公文書などで使えなくなったので、その書き換えとして

「終息」と書かれるようになった、というネタをさっそく披瀝したにちがいない。

きわめて多くの人の目に触れるメディアに、毎週つたないコラムを書かせていただくことは、畏れ多くも、しかしとても楽しい仕事だった。日曜日の掲載だからできるだけ肩の凝らないものにしよう、との殊勝な目論見がいったいどれほど成功したかははなはだ心もとないが、ネット上のさまざまなところで、拙文に暖かく言及してくださる多くのブログやツイートなどから、本当に大きな激励をいただけたことは望外の幸福であった。

新聞連載時には神谷浩司、干場達矢、郷原信之の諸氏に、また単行本化に際しては苅山泰幸氏から多大のご尽力を得た。

ここに記して、厚くお礼を申しあげます。

令和二年六月

阿辻 哲次

阿辻哲次 あつじ・てつじ

京都大学名誉教授。漢字文化研究所所長。1951年大阪府生まれ。2017年に京大を定年退職後、京都・祇園の漢字ミュージアムにて漢字文化に関する生涯学習事業に参画する。専門は中国文化史。人間が何を使って、どんな素材の上に、どのような内容の文章を書いてきたか、その歩みを中国と日本を舞台に考察する。著作は多数。近著に『日本人のための漢字入門』。

日経プレミアシリーズ｜435

遊《ゆう》遊《ゆう》漢《かん》字《じ》学《がく》 中《ちゅう》国《ごく》には「鰯《いわし》」がない

二〇二〇年八月七日　一刷
二〇二〇年十月八日　二刷

著者　阿辻哲次
発行者　白石 賢
発行　日経BP
　日本経済新聞出版本部
発売　日経BPマーケティング
　〒一〇五―八三〇八
　東京都港区虎ノ門四―三―一二

装幀　ベターデイズ
組版　マーリンクレイン
印刷・製本　凸版印刷株式会社

ISBN 978-4-532-26435-2 Printed in Japan